Tausend Wege zum Glück

Tausend Wege zum
Glück

David Baird

arsEdition

Inhalt

Einleitung

Glücklich sein ist ein seelischer Zustand, den wir selbst kontrollieren können. Sich entschließen, glücklich zu sein, ist so einfach wie eine Münze zu werfen und dabei festzulegen: »Kopf, ich werde glücklich sein. Zahl, ich werde unglücklich sein.« Der Kummer, den wir fürchten, ist oft nicht tief verwurzelt, sondern einfach nur die Kehrseite des Glücks. Wir müssen uns eingestehen und akzeptieren, dass Glück und Unglück miteinander einhergehen können, zur selben Zeit und am selben Ort. Die Gedanken, die Sie auf den nächsten Seiten finden, werden Ihnen hoffentlich ähnlich wie die Münze eine Inspiration sein und Sie die positive Entscheidung treffen lassen, das Glück zu wählen.

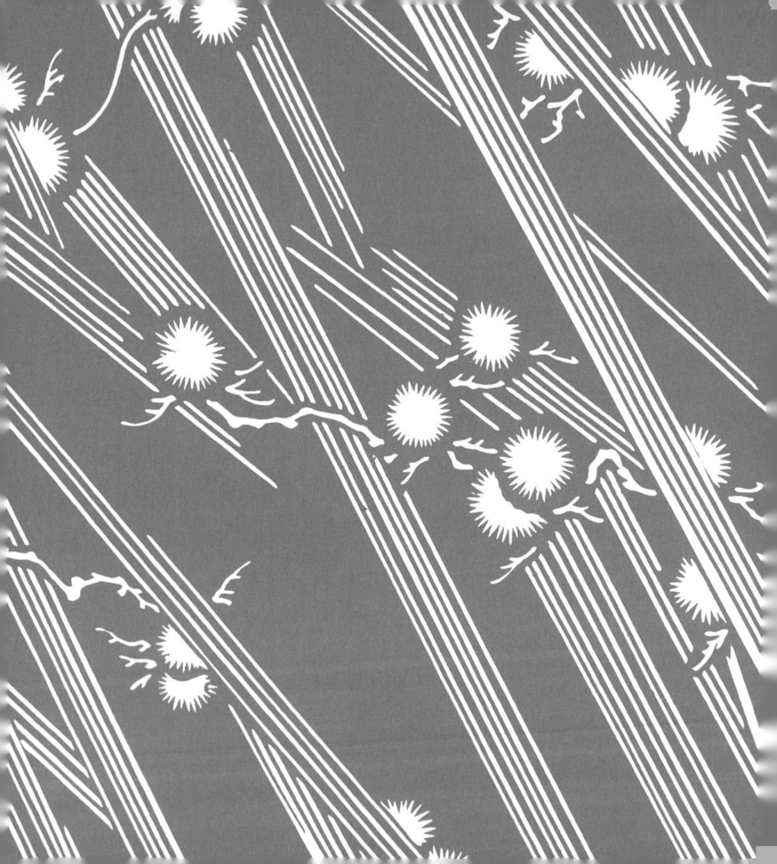

Glücks-definition

Ab dem Zeitpunkt, ab dem Sie sich selbst erlauben, Glück zu haben, wird eine Kette von Ereignissen angestoßen, die sonst nie in Gang gekommen wäre, weil ab da die Vorsehung eingreift.

Das Glück finden Sie nicht, indem Sie sich nach anderen Menschen richten. Sie müssen Ihren eigenen Weg finden.

Es gibt keinen falschen Zeitpunkt für das Glück.

Das Glück hängt nicht von der Anerkennung anderer ab – es hängt von der eigenen ab.

Die Menschheit sorgt sich – das ist ihr normaler Zustand. Wir haben Angst vor der Zukunft, sind selten mit dem zufrieden, was in der Vergangenheit war, und fürchten den Tod.

Erleben Sie Traurigkeit bewusst, wenn Sie sie spüren, dann könnte es sein, dass Sie nie wieder unglücklich sind.

Man kann den Weg zum Glück finden, indem man ausgiebig lacht ... über sich selbst.

Die Welt wird sich nicht aufopfern, um Sie glücklich zu machen.

Das eigene
Glück zu finden
ist wie die
Quelle eines
großen Flusses
zu finden, der
von anderen
aufgestaut
wurde, um Sie
glücklich zu
machen.

Glück kommt einfach so und unerwartet – suchen Sie es nicht zu verzweifelt. Entspannen Sie sich und es wird erscheinen.

Glück kann darin liegen, sich nicht vor Veränderungen zu fürchten.

Denken Sie an das Glück als an eine Art mentales Gärtnern.

Das Glück liegt in der warmen Sommersonne ...

... in den roten Herbstblättern

... ist nah, wenn Sie sich schlecht fühlen

... liegt im Herbstwind

... im warmen Wind

... ist nah, wenn Sie nicht mehr daran glauben.

Glück ist
jemand,
nicht etwas.

Ein glücklicher Mensch geht oft unberührt einen Weg, den tausend unglückliche Menschen beharrlich als falsch ansehen.

Glück hat nichts mit der Meinung anderer zu tun.

Was Sie morgen erledigen können, sollten Sie auf übermorgen verschieben. Darin liegt das Glück.

Das Glück kann in den Worten anderer liegen. Der Zwang, diese Dinge sich selbst zu sagen, macht unglücklich.

Unter einem Tyrannen gibt es kein Glück.

Stellen Sie sich Furcht als ein Sandkorn vor und Freude als den höchsten Berg.

Glück ist viel zu kostbar, als dass man es durch Kritteleien, Zynismus und Streitereien zerstören sollte.

Wenn Sie bereit sind, Aggression, Rache und Vergeltung zurückzustellen, dann sind Sie bereit, glücklich zu sein.

Das Glück nimmt in dem Maße zu, in dem man bereit ist zu akzeptieren, dass manches nicht geändert werden kann.

Die Tatsache, dass wir wünschen, ein anderer zu sein als der, der wir sind, kann unser Unglück heraufbeschwören.

Wenn unsere Sturheit uns verbietet, unsere Ansichten dann zu ändern, wenn wir die Möglichkeit haben, sie zu ändern, kommt das Unglück.

Glück ist, ähnlich einer harmonischen Folge in der Musik, wenn Ihr ganzes Sein einen kleinen Moment in vollkommenem Einverständnis mit sich selbst ist.

Der Weg des Glücks ist gepflastert mit unseren Träumen und Wünschen – parallel dazu verlaufen die Wege der Kreativität, der Liebe und eines langen Lebens.

Ein glücklicher Moment ist schnell vorbei und kehrt in identischer Form niemals wieder. Das heißt nicht, dass ähnlich glückliche Momente in der Zukunft nicht stattfinden werden – sie werden einfach anders sein.

Beschreiben Sie das Glück nicht mit leeren Worten – es ist ein Juwel. Glück ist aufregend, es begeistert und es ist herrlich.

Es gibt kein größeres Glück, als etwas für einen guten Zweck zu tun, das von anderen nur durch einen unglaublichen Zufall entdeckt werden kann.

Den Weg zum Glück kann man finden, indem man so viel Gutes tut, wie man kann, mit allen Mitteln, die einem zur Verfügung stehen.

Niemand kann jemals erahnen, was hinter Ihrem Glück steckt.

Glück ist das tollste Abenteuer auf der Erde!

Glücklich ist derjenige, der immer neugierig bleibt.

Versuchen Sie mit so vielen verschiedenen Menschen als möglich, glücklich zu sein.

Jetzt ist der Zeitpunkt, um glücklich zu sein.
Hier ist der Ort, um glücklich zu sein.

Der Weg zum Glück kann über das Alleinsein führen.

Zu glauben, man müsse glücklich sein, wenn alles in einem das Gegenteil fühlt, ist, als wolle man die Natur korrigieren – seien Sie unglücklich, warten Sie ab und das Glück kommt später zu Ihnen.

Sie müssen nicht kämpfen und sich abmühen, um Glück zu haben.

Das Glück liegt an dem Weg, an dem Ihr Herz sich wünscht, was die Situation erfordert.

Manchmal müssen Sie auf das Glück einreden wie auf ein Kind: beruhigend, umsichtig, liebevoll, und Sie dürfen nie zu viel auf einmal verlangen.

Sie werden glücklicher sein, wenn Sie eigene Gedanken zulassen und nicht versuchen, die Gedanken anderer nachzuvollziehen.

Mit den Dingen, von denen Sie annehmen, dass sie Sie glücklich machen, werden Sie nicht immer glücklich sein.

Sie wollen sich gut fühlen, dafür sollten Sie sich nicht schämen. Sie wollen gesund und glücklich sein, dafür sollten Sie sich genauso wenig schämen.

Wenn Sie sich selbst die Fehler, die Sie machen, verzeihen können, werden Sie das wahre Glück finden.

Es klingt vielleicht komisch, aber es ist möglich, glücklich darüber zu sein, dass man sich unglücklich fühlt.

Liegt eine tiefe und dunkle Verzweiflung im trüben Winter oder in denen, die darauf bestehen, ihn so zu betrachten?

Unglückliche Menschen tragen in der Regel einen Grund für ihr Unglück mit sich herum. Nur für den Fall, dass ihnen sonst keiner begegnet.

Glück ist die Kehrseite des Unglücks.

Fröhliche Gedanken haben starke Heilkraft.

Liebe kann Sorgen in Glück verwandeln.

Die süßesten Tränen sind Tränen der Freude.

Glück ist der Geruch des
Kaffees – nicht sein Geschmack.

**Glück ist wie eine Feige.
Man hat keine Freude daran,
bis sie reif ist.**

Glück ist wie die Gans, die goldene Eier legt. Man kann Vergnügen daran haben, weil sie umsonst sind, oder versuchen, so viele wie möglich davon zu bekommen, so schnell wie möglich, und damit die Quelle des Glücks zerstören.

Einige betrachten das Glück als überflüssig, aber wie schon Voltaire schrieb: Das Überflüssige ist ein höchst notwendiges Ding.

Glück ist eine unterbewertete Pflichtübung.

Zählen Sie an Ihren Fingern und Zehen die verschiedenen Möglichkeiten, glücklich zu sein, ab.

Hören Sie sich selbst zu, wenn Sie sagen: »Ich bin zufrieden.«

Entwickeln
Sie die
Fähigkeit,
etwas zu tun,
wenn es
getan werden
muss, ob Sie
wollen oder
nicht. Dann
werden Sie
das Glück
finden.

Glück finden Sie bei Freunden, die klug, loyal und gut sind.

Wenn Sie ein Glückskind sind, dann erlauben Sie anderen, Ihren Erfolg anzuerkennen.

Glück kann wachsen, sich entwickeln und das Leben und die Liebe mit einem teilen.

Menschen, die anderen glücklich erscheinen, sind nicht so glücklich, wie diejenigen, die sich selbst glücklich vorkommen.

Das Glück stellt keine Bedingungen.

Das Glück ist fähig zu erkennen, dass ich so, wie ich jetzt bin, mir selbst genüge.

Sie sind des Glücks sicherlich würdig.

Stellen Sie sich das Unglück als eine dunkle Höhle vor und gehen Sie nicht hinein!

Gewöhnen Sie sich an Ihre unglücklichen Momente und das Glück wird Ihnen treu bleiben.

Entdeckt man das Glück, ist das, als ob man aus dem dunklen und schaurigen Wald auf eine helle Lichtung tritt.

Sie können nicht glücklich sein, wenn Sie voller Neid und Hass sind. Wünschen Sie jedem nur das Beste und die Menschen werden Sie in einem anderen Licht sehen.

Ein Lächeln nimmt manchen Situationen die Schärfe – Freundlichkeit und Fröhlichkeit sind die starken Gegenspieler des Zanks.

Versuchen Sie einen Sonnenstrahl in das Leben anderer zu bringen, und Sie werden die Wärme spüren, die er in Ihr eigenes reflektiert.

Horten Sie Ihr Glück nicht. Seien Sie großzügig damit, und Sie werden mehr zurückbekommen, als Sie gegeben haben.

In *Peter Pan* haben diejenigen die Fähigkeit, fliegen zu können, denen ein glücklicher Gedanke gehört.

Das Glück hat die Macht, uns von den Schmerzen und Lasten des Lebens zu befreien.

Das Glück ist immer da, auch bei Ärger und Schmerzen.

Das Glück passiert gerne.

Das Glück sieht Sie.
Können Sie das Glück sehen?

Glück wird viel zu oft mit dem Verhalten anderer in Verbindung gebracht.

Vielleicht sind wir deshalb so häufig unglücklich, weil wir nur das Glück ergreifen, das wir verstehen können.

Das Glück in Ihrer Hand sieht klein aus, erst wenn Sie es loslassen, werden Sie erkennen, wie groß es eigentlich war.

Das Glück liegt in den Erwartungen während der Reise – nicht in der Ankunft.

Oft wird der Schlüssel zum Glück verlegt – aber die Tür ist nie verschlossen.

Das Glück wartet geduldig auf morgen.

Der Versuch, das Glück zu verstehen, ist wie der Versuch, etwas so Gewaltiges wie das Universum zu begreifen.

Der Schriftsteller Robert Frost hat einmal gesagt:
»Was dem Glück an Länge fehlt, macht es durch seine Größe wett.«

Das Eigenartige am Glück ist, dass man ihm misstraut, wenn es einem angeboten wird, und dass man, sobald es da ist, sich erst darüber freut und dann daran glaubt.

Denken Sie an das Unglück wie an eine Jahreszeit, die vorübergeht, auf die aber Sonnenschein und Blumen folgen.

Wenn Sie sich davor fürchten, das Glück zu verlieren, dann müssen Sie etwas Glück haben, das Sie verlieren könnten!

Glück ist die beste Sicherheit bei einer Inflation.

Glück ist vermiedenes Unglück.

Glückliche Menschen jammern nicht über ihre Lebensumstände und liegen nachts nicht wach, um über ihre Pflichten oder Sünden nachzudenken.

Sie können das Glück in den Pinselstrichen Michelangelos oder unter Ihren Füßen auf dem Rasen finden ...

... es kann in der Luft liegen oder in der Form der Wolken am Himmel ...

... Sie können es in der Morgendämmerung jedes Tages finden ...

... im ersten Winterfrost oder in den klaren, reinen Stimmen der Vögel.

Das Glück geht mit keinem von uns denselben Weg.

Es braucht zwei, um glücklich zu sein. Einen, der glücklich ist, und einen, der das Glück bezeugt.

Glück liegt in der Leistung des Glücks.

Man braucht keine besonderen Eigenschaften, um ein glücklicher Mensch zu sein.

Glauben Sie nicht an
das Glück.
Lernen Sie es kennen.

Glück und Unglück machen das Leben aus. Nur manche haben mehr davon als andere.

Das Glück kann sogar Gewohnheiten wundervoll erscheinen lassen.

Materieller Erfolg lenkt den Weg nicht zum Glück.

Suchen Sie nicht nach dem perfekten Glück.
Das Glück an sich ist perfekt.

Glückliche Momente folgen aufeinander wie die Lemminge – halten Sie sich also von den Klippen fern.

Glück ist wie eine Blume unter einer Schnee- decke.

Scheint die Sonne in Ihrem Herzen, kann man einen Strahl auf Ihrem Gesicht erkennen.

Glück kann ein Versteck sein – ein Platz den man in Stunden voller Angst aufsucht und der dem Herz einen Moment Ruhe gönnt.

Ein ehrlicher Mensch ist ein glücklicher Mensch.

Für ein Kind bedeutet Glück Limonade, ein Himmelbett und ein Indianerzelt, Unglück dagegen Geografie und Mathematik.

Glück ist mehr wert als jedes Bankkonto.

Immer wenn Sie Liebe im Herzen tragen, wird Glück in Ihrem Leben sein.

Glück ist wie eine Schutzhütte im Sturm.

Denken Sie an Frieden und finden Sie das Glück.

Warum soll ich glücklich sein?
Weil Sie etwas ganz Besonderes sind.

Zufriedenheit ist eine Form des Glücks, die über die Sinneswahr-nehmungen Fühlen, Schmecken, Hören und Sehen hinaus-geht.

Glück ist ein bisschen wie Jazz: Wenn Sie fragen müssen, was das ist, werden Sie es vermutlich niemals richtig kennen lernen.

Ratschläge

Ein glückliches Gemüt kann das erreichen, was Reichtum, Gesundheit und Rang nicht gelingt.

Was Sie im Moment gerade denken, ist eng verknüpft mit dem, was Sie aus Ihrem Leben machen. Also müssen Sie Ihre negativen Gedanken kontrollieren.

Es liegt in der Natur des Menschen gewagte neue Methoden auszuprobieren. Wenn sie scheitern, scheitern sie. Sehen Sie das ein. Das Wichtigste ist, dass Sie niemals aufgeben.

Die größte Annäherung an das Glück erfahren Sie über Weisheit und das Bezwingen der eigenen Angst. Angst ist Brutstätte von Grausamkeiten und Aberglauben – einer unglücklichen Mischung.

Sobald Ihnen klar wird, dass Sie Ihre Gedanken beherrschen können, wird das Glück in Ihre Reichweite kommen.

Der schlimmste Feind des Glücks ist die Angst.

Lassen Sie sich vom unpassenden Moment nicht abhalten. Es gibt keinen passenden Zeitpunkt für Glück oder Unglück.

Je weniger Sie sich über Ihre momentane Situation beschweren – desto schneller wird sie vorübergehen.

Seien Sie tolerant und glücklich.

Schätzen Sie Ihre Energie ab und setzen Sie sie klug ein.

Verschaffen Sie sich Gehör – sprechen Sie wenig.

Erlauben Sie sich,
Sie selbst zu sein –
in der Haut eines
anderen werden
Sie niemals
glücklich.

Versuchen Sie das zu tun, von dem Sie denken, Sie könnten es nicht.

Lassen Sie sich nicht durch Angst von den Dingen abhalten, die Sie sich wünschen.

Beten Sie unbedingt für Ihr Glück – aber vergessen Sie nicht den Göttern dabei zu helfen.

Stellen Sie sich vor, Sie haben die Angst überwunden und können sagen: »Ich habe mit ängstlicher Miene begonnen und es geschafft. Jetzt kann ich mit allem fertig werden, was das Leben für mich bereithält.«

Beginnen Sie mit
Dingen, von denen
Sie wissen, dass Sie
sie können.
Anzufangen ist genug
– im Anfang liegt
Unerschrockenheit.
Und diese
Unerschrockenheit
zieht Genialität und
magische Kräfte nach

Das Glück kommt zu einem, wenn man den Mut hat, Dinge zu ändern, die geändert werden sollten.

Warum haben so wenige gesunden Menschenverstand?

Wenn Sie Ihre Arbeit lieben, können Sie in Ihrem Leben glücklich sein.

Verwandeln Sie Ihr Unglück in ein Rätsel und versuchen Sie, es zu lösen.

Gestern gab es einen Fehlschlag, heute Hoffnung und morgen ist alles möglich.

Manchmal muss man Probleme aus verschiedenen Blickwinkeln betrachten, um Lösungen für sie zu finden.

Zu lügen ist eine Möglichkeit, sich vor der Wahrheit zu verstecken.

Betrachten Sie sich selbst als Naturgewalt, mit der gerechnet werden muss.

Lassen Sie sich nicht von den kleinen Dingen entmutigen. Behalten Sie die großen Zusammenhänge im Auge.

Freude ist die stärkste Waffe im Krieg gegen die Angst.

Seien Sie realistisch in der Einschätzung der Probleme, die Sie angehen können. Seien Sie zufrieden mit Ihrer Entscheidung und versuchen Sie nicht, das Unmögliche möglich zu machen.

Glück ist wie Aufrichtigkeit. Nehmen Sie sich in Acht vor denjenigen, die von sich sagen, sie sind aufrichtig.

Echtes Glück hängt von der Fähigkeit ab, zwischen Dingen, die nicht geändert werden können, und Dingen, die geändert werden sollten, unterscheiden zu können.

Leben Sie Ihr Leben im Einklang mit dem Licht, das in Ihnen brennt, oder Sie brennen aus.

Uns wird beigebracht, dass wir unseren Nachbarn lieben sollen – seien Sie bei der Platzwahl für Ihr Haus vorsichtig.

Verteilen Sie Ihr Glück – legen Sie nicht all Ihre Eier in einen Korb.

Schreiben Sie all Ihre unglücklichen Momente in ein Tagebuch und heben Sie es sich für den Zeitpunkt auf, an dem Sie sich stark genug fühlen, es noch einmal zu lesen.

Es nicht länger zu probieren, bedeutet versagen.

Wenn Ihre Angst Sie unglücklich macht, versuchen Sie Dinge zu tun, vor denen Sie sich fürchten. Eine besiegte Angst bedeutet geschenktes Glück.

Man ist glücklicher, wenn man einem Freund eine Freude macht, als wenn einen dieser Freund einen selbst erfreut.

Es ist nie ein Fehler, wenn man in der Lage ist, das Leben zu genießen – danach sollte man streben.

Machen Sie Ihr Glück nicht von der Meinung anderer abhängig. Die öffentliche Meinung beruht auf Vorurteilen, Dummheit und Schwachheit.

Lieber glücklich mit dem Unmöglichen als unglücklich mit dem Möglichen.

Wenn Sie zwei Ausgangstüren in Ihrem Haus oder einen Raum mit zwei Türen haben, dann entscheiden Sie jeden Tag bewusst, ob Sie die in das Glück oder die in das Unglück wählen. »Nehme ich heute die glückliche oder die unglückliche Tür?« Beginnen Sie den Tag auf diese Art.

Das Leben ist Glück in einem Wort erklärt.

Lassen Sie sich von
niemandem sagen,
dass Sie es nicht
verdient haben,
glücklich zu sein.
Jeder hat das Recht,
glücklich zu sein.

Vergewissern Sie
sich Ihrer selbst.
Sie haben die
Macht, die Stärke
und die Energie, das
Glück zu finden.

Wenn Sie mit einem ernsthaften Problem konfrontiert werden, hören Sie sich dann sagen: »Die anderen sollten etwas dagegen tun.« Haben Sie noch nicht bemerkt, dass »die anderen« auch Sie sind?

Ziehen Sie los und suchen Sie nach dem Glück. Vergessen Sie Ihre Hemmungen und entdecken Sie das Leben neu.

Bringen Sie Ihren Geist, Ihr Herz und Ihren Körper in Einklang und konzentrieren Sie alles, was Sie ausmacht, auf das Glück, das Sie sich wünschen.

Ein Kind kann nichts in alles und Unglück in Glück verwandeln.

Ein bisschen Hoffnung zum Frühstück ist in Ordnung, als Betthupferl sollte man sie nicht zu sich nehmen.

Um wirklich unabhängig zu sein, muss man erkennen, dass auf dieser Erde jeder von allen anderen abhängig ist.

Suchen Sie Ihr Glück in der Freundschaft. Kein Mensch ist unnütz, wenn er nur einen einzigen Freund hat.

Glück bedeutet zu merken, dass die Welt die eigene Arbeit braucht.

Die beste Medizin im Leben ist immer noch ein treuer Freund oder ein glücklicher Moment.

Glück ist zu wissen, dass man jemanden hat, mit dem man reden kann.

Machen Sie sich keine Sorgen über Ihre Zukunft, es wird immer nur ein Tag nach dem anderen kommen.

Wenn Sie versuchen, tausend Ziegel auf einmal zu bewegen, wird das unmöglich sein. Sagen Sie einfach zu sich: »Diesen Stapel kann ich heute umschichten.« Das machen Sie ein paar Mal und Sie werden merken, dass dieser Schutzmechanismus Sie mit Glück belohnt, weil Sie Schritt für Schritt Ihr Ziel erreichen.

Man kann in einer Badewanne genauso viele Eingebungen haben wie in einer Kathedrale.

Eignen Sie sich eine neue Sichtweise auf die Dinge an. Ein Perspektivenwechsel bringt eine ganze Welt neuer Möglichkeiten mit sich.

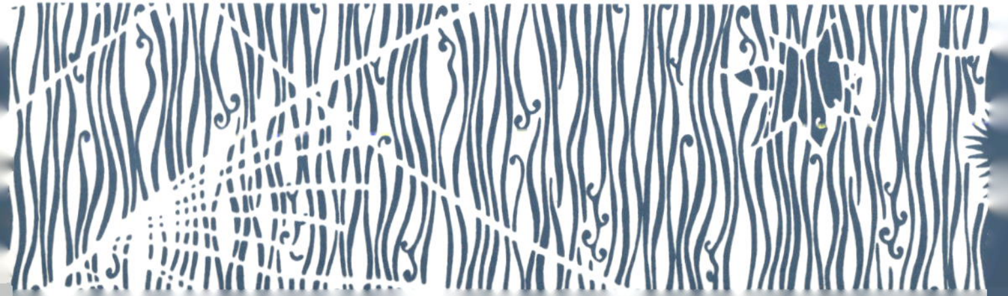

Wenn Sie im ersten Moment keinen Erfolg haben, liegen Sie vielleicht über dem Durchschnitt.

Eine gefürchtete Aufgabe anzupacken ist schon der halbe Weg zum Ziel.

Es hat keinen Sinn, gegen das Unvermeidliche anzukämpfen. Entspannen Sie sich, akzeptieren Sie und seien Sie glücklich.

Unglück zu verstecken ist wie Unersättlichkeit zu verstecken. Unmöglich.

Verschwenden Sie Ihre Zeit nicht damit zu versuchen, unsympathische Menschen dazu zu bringen, Ihre Freunde zu sein.

Machen Sie nicht die Umstände für Ihr Unglück verantwortlich, achten Sie lieber auf Umstände, die Glück schaffen könnten.

Vielleicht fühlen Sie sich in dem Rennen um das Glück langsam, aber denken Sie daran, dass es sogar das Faultier an Bord der Arche Noah geschafft hat.

Gedanken sind so wertvoll wie Wasser in der Wüste. Verschwenden Sie sie nicht an Negatives – geben Sie sich einen Ruck. Denken Sie positiv!

Seien Sie vorsichtig mit Ihren Wünschen – Sie könnten es bedauern, wenn sie in Erfüllung gehen.

Versuchen Sie, mit sich selbst glücklich zu sein, so wie Sie sind.

Sind Sie so weit, dass Sie die Verantwortung, die das Glück mit sich bringt, akzeptieren können?

Lernen Sie, sich selbst zu vertrauen, dann werden Sie verstehen, wie man am besten lebt.

Sie werden das Glück nicht finden, indem Sie Ihr inneres Haus einreißen, nur um ein paar Wespen loszuwerden.

Egal, wer oder was Ihnen Unrecht getan hat, es spielt keine Rolle, wenn Sie sich entschließen, es zu vergessen.

Bereiten Sie sich auf die langen, düsteren Wintertage vor. Arbeit, die in der angenehmen Jahreszeit geleistet wird, zahlt sich während einer Frostperiode aus.

Glück ist zu wissen, dass man den Mut hat durchzuhalten.

Belasten Sie sich selbst nicht mit dem Ärger über Ihre Feinde. Verzeihen Sie ihnen. Das wird sie richtig wütend machen!

Passen Sie immer auf sich selbst auf, dann können Sie auch auf andere aufpassen.

Seien Sie Ihr eigener bester Freund.

Seien Sie immer ehrlich zu sich selbst. Stehen Sie im Glück und im Unglück wie ein Fels in der Brandung. Weder gutes noch stürmisches Wetter kann ihn verrücken.

Sie müssen versuchen, der Mensch zu werden, mit dem Sie den Rest Ihres Lebens verbringen wollen.

Denken Sie daran:
Nichts außerhalb kann Ihren inneren Frieden durcheinander bringen.

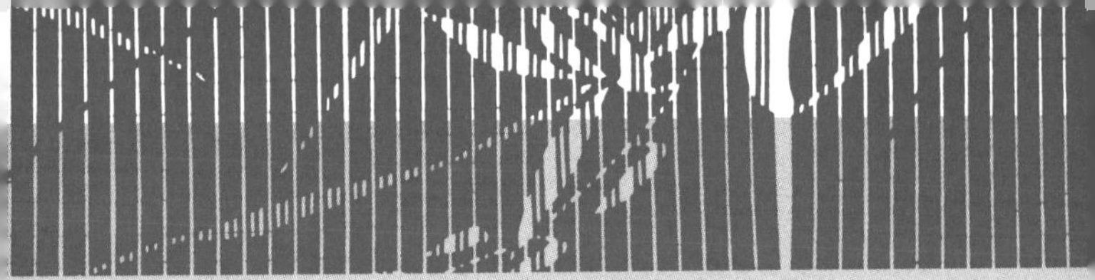

Unglück ist wie aufgewühltes Wasser, und wie beim Meer werden die Turbulenzen vorübergehen und die Wasseroberfläche wird wieder ruhig werden.

Mobilisieren Sie Ihre Kräfte, um sich ein friedvolles und glückliches Leben zu schaffen.

Jeder Moment ist ideal, um den Weg zum Glück zu betreten.

Versuchen Sie jeden Tag einen kurzen Moment lang, nichts zu wollen oder nicht zu wollen.

Versuchen Sie jeden Tag einen kurzen Moment lang, sich zu sorgen und sich genauso nicht zu sorgen.

Finden Sie Ihren Platz im Fluss der Dinge und harren Sie ein bisschen aus … Sie werden erfolgreich sein.

Verschreiben
Sie Ihre
Energie dem
Glück, Energie,
die für Sorgen
verbraucht
wird, ist
verschwendete
Energie.

Nehmen Sie das Glück, wie es kommt, und wünschen Sie sich nicht mehr, als Ihnen gegeben wurde.

Stellen Sie sich das Glück vor, zu wissen, dass Sie nicht zwingend auf Glück angewiesen sind.

Stellen Sie sich die Einsamkeit als eine Art Partner vor.

Die Dinge, die Sie mögen, und die Dinge, die Sie nicht mögen, können Sie verrückt machen, wenn Sie zu sehr darüber nachdenken.

**Erlauben
Sie Ihren
Gedanken,
sich von den
materiellen
Dingen,
die Sie
umgeben,
abzuwenden
und sich
Ihrem
Inneren zu–
zuwenden.**

Versuchen Sie so zu schlafen, als ob es das erste Mal wäre.

Manchmal ist es besser, die Augen zu schließen und an gestern zu denken, als sie zu öffnen und die Möglichkeiten des heutigen Tages auszuloten.

Lehrmeister öffnen die Türe, eintreten müssen Sie selbst.

Versuchen Sie aufzuwachen, als ob es das erste Mal wäre, und betrachten Sie die Welt mit neuen Augen.

Suchen Sie das Glück nicht weit entfernt, das Glück kann man ganz nah finden.

Denken Sie an die Liebe und seien Sie glücklich.

Man kann kein Glück finden, indem man dauernd versucht allen zu gefallen. Wenn Sie das akzeptieren können, gibt es Aussicht auf Erfolg

Finden Sie das WARUM, und das WIE wird Sie nicht mehr interessieren.

Ihre Freundlichkeit
kann bei anderen
Wunder bewirken,
bei Ihnen aber auch.

Zaubern Sie Ihr Lächeln auf ein anderes Gesicht!

Ein glücklicher Mensch erwähnt die Neuigkeiten erst im Postskript.

Suchen Sie sich einen Augenblick aus, in dem Sie spüren, dass Sie leben.

Nicht alles hat einen Heiligenschein, der ist nur ein weiterer Punkt, über dessen Verlust man sich sorgen kann.

Die schlimmsten Lügen, die man erzählt, sind die, die man schweigend erzählt.

Machen Sie nicht all Ihr Glück von etwas abhängig, das zerbrochen oder gestohlen werden kann.

Versuchen Sie Ihren Ratschlägen zu folgen, bevor Sie sie anderen anbieten.

Manchmal muss man durch das falsche Ende eines Fernrohrs schauen.

Versuchen Sie, das zu tun, von dem Sie denken, dass Sie sie es nicht können. Widerlegen Sie sich selbst.

Erlauben Sie sich, einige Zeit am Tag alleine mit sich selbst zu sein.

Ungeduldig zu sein verschwendet Energie. Versuchen Sie den Grund für die Verzögerung zu verstehen und entspannen Sie sich – Ärger beschleunigt nichts.

Manchmal ist es aufmunternd, die Gedanken eines anderen zu lesen. Sie prägen sich in das Gedächtnis ein und sind imstande, gute Ideen hervorzurufen.

Beschließen Sie einfach, dem Glück zu erlauben, zu Ihnen zu kommen.

Sie können sich vom Glück abwenden, zweifeln oder einfach zu beschäftigt sein, um es zu bemerken. Oder Sie packen die Gelegenheit am Schopf und erlauben sich selbst, Glück im Leben zu haben.

Gute Gespräche sind wie gute Musik, sie haben das Potential, die tiefsten Gründe der Seele zu erreichen, und bieten jedes erdenkliche Heilverfahren an.

Können Sie ernsthaft glauben, dass Sie mehr Recht darauf haben, ein glückliches Leben zu führen, als jeder andere?

Liebe, Glück und Freude sind größtenteils harte Arbeit.

Verändern Sie sich, und die Welt wird sich mit Ihnen verändern.

Glück
kostet
nichts
und ist
so viel
wert.

Die Schlacht kann niemals gewonnen werden, wenn Sie den Krieg gegen sich selbst verlieren.

Ehrlichkeit hat die Macht, Angst zu zerstören.

Versuchen Sie, ohne Neid zu bewundern.

Gründen Sie Ihr zukünftiges Glück nicht auf dem Glück der fernen Vergangenheit. Lernen Sie, die Gegenwart zu lieben.

Sitzen Sie nicht herum und warten Sie auf eine zufällige Chance.
Treffen Sie Ihre Wahl und schauen Sie, ob Sie Ihr Ziel erreichen.

Arbeit

Es gibt keine Probleme, denen man sich nicht stellen kann. Erfahrung, Wissen und Vertrauen sagen uns, wie man sie anpackt.

Wenn Sie große Lust haben, etwas zu tun, bereiten Sie sich darauf vor, es gut zu machen.

Hoffnung, Unternehmungsgeist und Veränderungen gehen Hand in Hand mit Glück.

Die wichtigste Person, die Sie jemals kennen gelernt haben, sind Sie selbst – fangen Sie an, ein Netzwerk zu bilden.

Am Ende unseres Lebens wissen wir nichts – in der Jugend wissen wir alles.

Die Entscheidung zu treffen, mit etwas zu beginnen, kann der Anfang von etwas Großem sein.

Zeit ist Geld. Hören Sie damit auf, Geld zu verschwenden.
Zeit bedeutet Leben. Hören Sie damit auf, Ihr Leben zu verschwenden.

Manchmal müssen Sie darauf gefasst sein, von neuem zu beginnen.

Wir alle haben große Energiereserven.

In diesem Leben haben Spezialisten sehr viel weniger »Möglichkeiten«.

An jedem Tag muss es etwas geben, das Sie gerne erreichen würden.

Unglücklich sein kommt vom dauernden Lamentieren über Ergebnisse von Dingen, die möglicherweise gar nicht kontrolliert werden können.

Es gibt etwas, worauf Sie sich verlassen können, nämlich, dass Wahrheit Wahrheit nach sich zieht.

Etwas, das alles erklärt, erklärt schlussendlich nichts.

Seien Sie fröhlich, tapfer und, am wichtigsten: glücklich.

Stellen Sie Ihre Zweifel von Zeit zu Zeit in Frage.

Seien Sie geduldig, und das Glück wird Sie zufrieden stellen.

Wir haben eine Erklärung für alles und wissen nichts.

Fröhlich verrichtete Arbeit wird mit offenen Armen begrüßt.

Klagen Sie sich nicht selbst dafür an, dass Sie sich überschätzt haben. Stufen Sie sich neu ein und fangen Sie von vorne an.

Kümmern Sie sich um Ihre Angelegenheiten.

Versuchen Sie nicht alles zu analysieren. Analyse tötet das Glück.

Manchmal denken Sie, das Weltende ist gekommen – ist es aber nicht.

Ein Moment der Seligkeit kann ungezählte kummervolle Stunden aufwiegen.

Es bringt nichts, herumzusitzen und sich an glückliche Zeiten zu erinnern. Seien Sie glücklich.

Das nächste Mal, wenn Sie das Gefühl haben, dass die Tür zum Glück vor Ihrer Nase zugefallen ist, denken Sie daran, dass sich die Tür zu einem anderen Glück öffnen kann.

Denken Sie
an die Umwelt
und erhalten
Sie sie, wo Sie
nur können.
Wir können
nicht glücklich
und gesund in
einer ungesun-
den Welt leben.

Stellen Sie sicher, dass Ihnen niemand den Boden unter den Füßen wegzieht, während Sie zum Sprung nach dem Glück ansetzen.

Experten sind ein Gesundheitsrisiko.

Hören Sie zu. Ihr Herz wird Ihnen Gründe zur Freude nennen.

Schütteln Sie das Schlechte Ihrer Schlechtigkeit und das Traurige Ihrer Traurigkeit ab. Entdecken Sie das Glückliche Ihres Glücks neu.

Man kann die Arbeit als die »große Heilerin« allen menschlichen Elends betrachten.

Jeder, der herzlich über sich selbst lachen kann, hat einen Weg zum Glück gefunden.

Denken Sie an ein Samenkorn – aus kleinen Anfängen können riesige Dinge werden.

Demut bringt Hilfe und Respekt ein.

Woher kommt es, dass manche Leute alles, was sie machen, mit großer Leichtigkeit tun und für andere die kleinsten Dinge schon eine große Anstrengung bedeuten?

Nehmen Sie sich vor dem Zorn eines geduldigen Menschen in Acht.

Wonach suchen wir alle? Nach einem bequemen Leben und danach, nicht zwangsläufig nachdenken zu müssen.

Nennen Sie das Heute Ihr Eigen und leben Sie für diesen Tag!

Formulieren Sie eine Sache gut, man wird sich daran erinnern – und an Sie.

Fordern und nähren Sie Ihren Verstand. Jetzt.

Konzentrieren Sie sich – sonst riskieren Sie Fehler.

Es hat keinen Zweck, sich in sich selbst zu verschließen, wenn man nicht darauf gefasst ist zu akzeptieren, dass man sich selbst unglücklich macht.

Sie können die Zeit nicht totschlagen, ohne die Ewigkeit zu beschädigen.

Versuchen Sie ohne zu lächeln zu fragen: »Warum ist das so? Welchen Grund hat es?«

Freundschaft bringt einem kaum Geld ein – das ist die Aufgabe des Berufs.

Verlassen Sie Zeit und Raum, um Veränderungen zu akzeptieren.

Sind alte Freunde die Menschen, die Sie am liebsten mögen, oder sind sie nur diejenigen, die Sie zuerst getroffen haben?

Wenn Sie lange leben wollen, sollten Sie ehrlich sein, oder Sie brauchen ein gutes Gedächtnis.

Diejenigen, die mit der Meinung aller anderen nicht übereinstimmen, haben genügend eigene.

Lösungen durch eine Diskussion zu finden, ist so einfach wie ein Boot aus Reispapier zu bauen.

Rechnen Sie sich selbst hoch an, dass Sie mehr wissen, als Sie glauben zu wissen.

Versuchen Sie für etwas zu beten, das kein Wunder ist.

Vermeiden Sie, für Ihre Fehler kritisiert zu werden, indem Sie sie zugeben, sobald sie auftauchen.

Nehmen Sie sich vor den neuen Kleidern des Kaisers in Acht.

Arbeit kann Langeweile, Laster und Armut vertreiben und somit auch Unglück.

Denken Sie an das Unglück wie an einen unbefriedigenden Job und kündigen Sie.

Wie oft stellen sich Teams, die an guten und viel versprechenden Projekten arbeiten, Hindernisse in den Weg und schon bald verschwindet die Hoffnung und mit ihr das Glück?

Lassen Sie es nicht zu, dass Ihr Ärger Sie arm macht.

Wenn Sie damit unzufrieden sind, wie sich etwas hinzieht, bringen Sie es zu einem schnellen Ende.

Es ist eine herausragende Eigenschaft, das Glück auch im Angesicht eines Missgeschicks aufrechtzuerhalten.

Erlangen Sie Ihre Autorität zurück und mit ihr Ihr Glück.

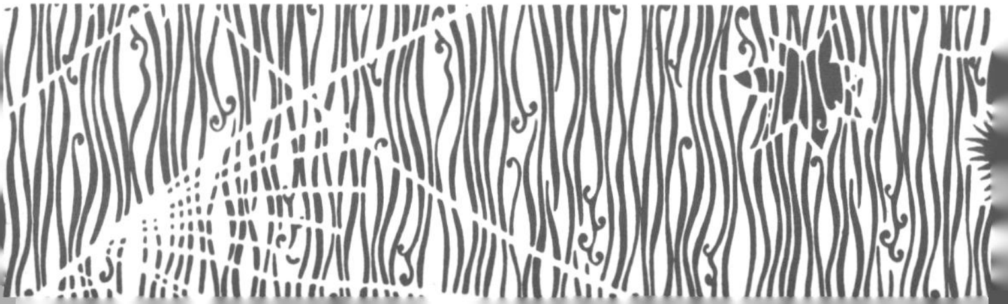

Ich habe keine Zeit anzuhalten (für das Glück).

Sie können aus einer Kokosnuss nicht trinken, bevor sie gewachsen ist.

Denken Sie über die Folgen Ihrer Handlungen nach, bevor Sie beginnen.

Tappen Sie in die Glücksfalle.

Erfolg ist ein unzuverlässiges Maß für das Glück. Es ist sehr gut möglich, erfolgreich unglücklich zu sein.

Wegen der Niederlagen erinnert man sich an mehr historische Persönlichkeiten als wegen ihrer Triumphe.

Helfen Sie sich selbst, sich selbst zu helfen.

Meiden Sie die, die zu Ihnen sagen: »Das kannst du nicht tun, wenn es die Sache wert gewesen wäre, hätte es ein anderer schon getan.«

Es gibt zwei Sorten Wahrheit: Es gibt die Wahrheit, die für Sie akzeptabel ist, und die, die für Lügner akzeptabel ist.

Sie sind der Schöpfer des Moments.

Wird das Glück mit dem Wohlstand kommen oder Wohlstand mit dem Glück?

Um erfolgreich zu sein, müssen Sie mit der Entscheidung glücklich sein, dass der Preis für die gewünschte Macht Ihre Freiheit ist.

Halten Sie sich für die Möglichkeit offen, neue Lösungen zu entdecken.

Schaffen Sie Präzedenzfälle, folgen Sie Ihnen nicht einfach.

Es gibt nur eine Sache, die Sie nicht im Übermaß tun können, und das ist wohltätig sein.

Sie können stark genug sein, eine ganze Armee zu kontrollieren, aber sind Sie stark genug, sich selbst unter Kontrolle zu halten?

In diesem Leben wird nichts Großes ohne Enthusiasmus erreicht.

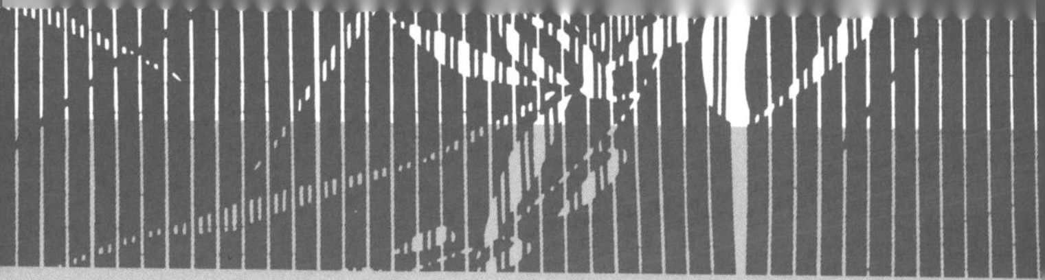

Vielleicht sind Sie sehr mutig, aber können Sie Ihre Versprechen halten?

Wer Großes erreichen will, muss damit rechnen, falsch verstanden zu werden.

Sie können nach Möglichkeiten Ausschau halten – oder sie selbst schaffen.

Im Geschäftsleben einmal keinen Erfolg zu haben, wird als kleines Missgeschick angesehen, im Leben keinen Erfolg zu haben, wertet man als Rücksichtslosigkeit.

Erfolg kann zwischen Ihren Lügen und den Wahrheiten unterscheiden.

Kennt man den Preis von allem und den Wert von nichts, bringt das kein Glück.

Der Optimist verwandelt Probleme in Chancen, der Pessimist Chancen in Probleme.

Glück macht es möglich, Ihre Fehler in Erfahrungen umzubenennen.

Versuchen Sie den Menschen, die um Sie herum erfolgreich sind, Begeisterung zu zeigen. Können Sie das aufrichtig tun?

Arbeit kann man nur schlecht oder gut erledigen.

Sie können dorthin mit oder ohne Moral kommen, glücklich oder unglücklich.

Trampeln Sie vorsichtig auf den Träumen anderer herum.

Niemand kann mehr geben als sein Bestes. Manchmal ist es nicht genug, aber das sollte man nicht bedauern.

In manchen Momenten fürchtet man, dass Menschen über einen sprechen könnten, in anderen ist man am Boden zerstört, wenn sie es nicht tun.

Seien Sie vorsichtig bei der Wahl Ihrer Feinde.

Arbeit ist der Fluch des Faulen.

Ragen Sie aus der Menge heraus – indem Sie lächeln.

Ein Mensch
kann seine
Arbeit hinter
sich lassen
– darin liegt
sein Talent.
Aber er
nimmt sein
Leben mit
sich mit –
darin liegt
Genialität.

Um glücklich im Leben zu sein, müssen Sie akzeptieren, dass Ihr Bestes nicht immer gut genug ist. Aber es ist immer noch besser, als nichts zu tun.

Denken Sie an Ihre Probleme wie an eine Herausforderung in einem Spiel, das Sie gerne spielen.

Manchmal müssen Sie aufgeben, um sich selbst Respekt zu bezeugen.

Hin und wieder muss man Schwierigkeiten mit einem Lächeln begegnen, um sie zu überwinden.

Man kann nur wenig mit dem Glücksgefühl vergleichen, das aus den Resultaten eigener Anstrengungen herrührt.

Manchmal kann man den Ärger anderer ausräumen, indem man hört, was sie zu sagen haben.

Denken Sie an Frieden und finden Sie Ihr Glück.

Vertreiben Sie Ärger mit Glück.

Minimieren Sie Ihren Beitrag nicht.

Man kann eine Beziehung genauso wenig auf Falschheiten aufbauen, wie man einen Drachen aus Margarine bauen kann.

Aufrichtigkeit bringt Vertrauen.

Keine Aufgabe ist zu schwierig, um sie zu erledigen – nur unser Denken macht sie dazu.

Ihre Ehrlichkeit gibt Ihnen genauso viel Zufriedenheit wie anderen.

Sie können niemals hoffen zu wissen, was die Zukunft bringt, wenn Sie nicht einmal wissen, was Sie als nächstes tun sollen.

Für etwas, das Sie gerne getan haben, sollten Sie keinen Dank erwarten, es wird seine eigene Belohnung mit sich bringen.

Geben Sie allem, was auf Sie zukommt, eine positive und kreative Reaktion zurück.

Benehmen Sie sich natürlich.

Glück, Ruhm, Lob und Macht zerstören Ihre Gegenspieler wie die Verleumdung oder die Beleidigung.

Mit Liebe verbundene Aufgaben sind Erfolg versprechend.

Lösungen findet man eher in der Stille als im Tumult.

Planen Sie sorgfältig und denken Sie über jeden Schritt nach.

Versuchen Sie, Spaß zu haben bei den Arbeiten, die Sie ausführen.

Überraschungen im Leben können einen froh stimmen, Überraschungen in festgelegten Lebensmustern können schrecklich sein.

Ihre Fröhlichkeit kann andere weniger ängstlich machen.

Verdächtigungen und üble Nachrede sind die Hände, die Ihnen den Boden unter den Füßen wegziehen.

Widmen Sie jeden Morgen einen kurzen Moment sich selbst und Ihren Aufgaben an diesem neuen Tag.

Stimmungen

Schätzen Sie sich glücklich, dass Sie Ihre Fähigkeiten ausloten können. Die meisten Menschen haben eine sehr eingeschränkte Vorstellung von ihren Möglichkeiten und nutzen nur einen kleinen Teil ihres Potenzials.

Lernen Sie, die Dinge zu vermeiden, die Sie ruhelos machen.

Erlauben Sie sich, Ihre eigenen Entscheidungen zu treffen.

Optimismus ist
die Fähigkeit,
das Übel nur da
wahrzunehmen,
wo es wirklich
existiert.

Ich **werde** lernen, mir Zeit freizuhalten für die Dinge, die ich gerne mache.

Ich **werde** lernen, mich zu entspannen.

Ich **werde** meine Fähigkeiten verbessern.

Ich **werde** lernen,
nein zu sagen.

Ich **werde** lernen,
Verantwortung
abzugeben.

Glückliche
Menschen
neigen
nicht dazu,
unter
Stress zu
leiden.

Es ist unmöglich, unseren physischen Zustand vom Zustand unserer Seele und unseres Geistes zu trennen.

Lachen ist eine bessere Medizin als jede vom Arzt verschriebene.

Erlauben Sie sich selbst den Luxus, sich Zeit zu nehmen, um einen Anfall von Unglücklichsein zu durchleiden.

Lernen Sie zu erkennen, wann Sie zum Unglücklichsein neigen. Wenn Sie das können, werden Sie in der Lage sein, diesen Gefühlszustand zu kontrollieren.

Glück zieht Glück nach sich.

In der Regel sind glückliche Menschen ruhige Menschen.

Stellen Sie sich auf schöne Träume ein und vermeiden Sie Dinge, die Albträume auslösen könnten.

Arbeiten Sie daran, Ihr Gedächtnis zu verbessern. Konzentrieren Sie sich stärker und achten Sie auf Details.

Das Glück schlägt erst Wurzeln und breitet sich dann aus.

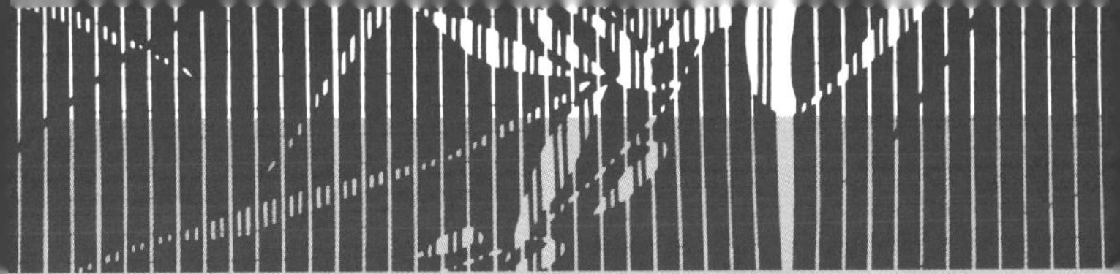

Übergehen Sie die kleinen Dinge, die Sie nervös machen.

Das Unglück verschlingt alles.

Die Ausstrahlung glücklicher Menschen scheint immer positiv zu sein.

Wenn sich Ihre Gedanken überschlagen, ziehen Sie die Notbremse und führen Sie immer nur einen Gedanken ganz bis zum Ende oder legen Sie ein Puzzle.

Wir alle haben die gleiche Anzahl an Möglichkeiten.

Erkennen Sie, wie wichtig das Spielen in Ihrem Leben ist. Es ist die Grundvoraussetzung, um sich selbst Zeit zur Erholung zu geben.

Vermeiden Sie Anfälle plötzlicher Reizbarkeit – Perioden der Launenhaftigkeit können die Tür zum Glück verschließen.

Zügeln Sie jedwedes impulsives Verhalten, bevor es außer Kontrolle gerät.

Der glückliche Mensch hat mehr Wahlmöglichkeiten.

Geraten Sie nicht in Panik. Bleiben Sie ruhig.

Glück ist niemals aus der Mode.

Weinen Sie, wenn Sie das dringende Bedürfnis haben. Weinen kann befreiend sein.

Die Glücklichen neigen mehr dazu, Ihre Gefühle mit anderen zu teilen.

Lassen Sie sich nicht durch Druck von außen beeinflussen. Beginnen Sie, sich selbst dafür wertzuschätzen, wer Sie sind und was Sie sind. Nicht mehr und nicht weniger.

Wenn Sie das Gefühl haben, für eine Sache nicht besonders viel tun zu können, tun Sie alles, was Sie können.

Es ist unmöglich, glücklich zu sein, wenn man sich hinter einer Mauer von Gleichgültigkeit verschanzt.

Ein glückliches Herz kann den größten Kummer zähmen.

Erfolg zieht Erfolg nach sich, denn nichts tötet die Motivation schneller als ein Misserfolg.

Wenn Sie die Grenzen menschlicher Vernunft und menschlichen Lebens akzeptieren, werden Sie das einzigartige menschliche Glück erhalten.

Nehmen Sie nie so viel Arbeit an, dass Sie sich überlastet fühlen.

Wenn es um Sie herum Ärger gibt oder Sie wütend sind, dann erlauben Sie sich, das auszusprechen, aber achten Sie darauf, dass es nicht zur Gewohnheit wird.

Lassen Sie sich nicht von den kleinen Dingen überwältigen.

Laufen Sie nicht im Flur auf und ab, machen Sie einen Spaziergang. Vertreten Sie sich die Beine und füllen Sie Ihre Lungen.

Glück kann man bei ganz einfachen Dingen finden, zum Beispiel in einem Yoga-Kurs.

Gehen Sie in den Park.

Über Ihre Fähigkeiten können Sie nichts erfahren, wenn Sie nicht mit etwas beginnen und es zu Ende bringen: Lesen Sie ein Buch, bauen Sie ein Modell, räumen Sie auf oder vollbringen Sie eine gute Tat.

Versuchen Sie zu meditieren, alleine, in einer angenehmen Umgebung.

Gestehen Sie sich selbst zu, hin und wieder zögerlich zu sein, aber niemals, um ernsthaften Fragen aus dem Weg zu gehen.

Wenn der Zeitdruck Sie stresst, nehmen Sie die Uhr von der Wand oder legen Sie Ihre Armbanduhr ab.

Beginnen Sie frühzeitig mit Veränderungen.

Dem
Glück-
lichen
schlägt
keine
Stunde.

Erlauben Sie sich, organisiert zu sein – das könnte alles sein, was Sie brauchen, um glücklich zu sein.

Glück liegt darin zu lernen, mehr vom Leben zu fordern.

Glückliche Menschen betrachten die Dinge anders.

Betrachten Sie Ihren Job als gleichbedeutend mit dem eines berühmten Schauspielers. Seien Sie ein Star, gehen Sie auf die Bühne, spielen Sie Ihre Rolle und lassen Sie sich dafür bezahlen.

Sind Sie unglücklich über Ihre Unfähigkeit, mehr als ein Problem zur gleichen Zeit abzuhandeln? Setzen Sie Prioritäten, arbeiten Sie eine Liste ab, auf der Sie jeden erledigten Punkt abhaken.

Finden Sie es schwer, sich zu entspannen? Probieren Sie etwas Neues aus, gehen Sie frühstücken oder mittagessen und nehmen Sie das ganze Ereignis in sich auf. Lassen Sie für diese Zeit alles andere hinter sich.

Glückliche Menschen nehmen ihr Glück ernst.

Positive Gedanken und Handlungen sind die natürlichen Feinde der Sorgen.

Das Glück wird immer seinen Weg finden, es gibt keine verschlossenen Türen für das Glück.

Unglücklich über eine bestimmte Situation? Das Gefühl wird so lange bleiben, solange Sie der Situation ausweichen. Stellen Sie sich vor, wie glücklich Sie sein werden, wenn Sie der Aufgabe mutig begegnet sind. Vielleicht ist das der Katalysator, den Sie brauchen.

Manchmal genügt eine kleine Veränderung der täglichen Routine, um Glück heraufzubeschwören: Ändern Sie die Farbe Ihrer Handtücher oder nehmen Sie einen anderen Weg ins Büro.

Glückliche Menschen sind selten egoistisch. Freude vermehrt sich.

Ärgerlich? Wenn Sie in der Lage sind, die Quelle des Ärgers in Ihrem Leben zu identifizieren, werden Sie dem Glück näher kommen.

Glück kann man spüren, wenn man die Kontrolle über seine Zeit hat.

Legen Sie Ihre Sorgen und Probleme über Nacht auf Eis.

Planen Sie im Voraus, Ihre Abgabetermine einzuhalten, und rechnen Sie immer ein Zeitpolster mit ein.

Wenn Sie Situationen in der Arbeit oder zu Hause an den Rand des Wahnsinns treiben oder Sie im Unglück versinken lassen, sagen Sie zu sich selbst: »Ich bin froh, dass das nur ein Spiel ist.«

Glückliche Menschen haben kein Problem damit, Ihre Meinung zu sagen.

Sie werden das Glück niemals finden, wenn Sie sich selbst nicht erlauben, Ihre Gefühle auszudrücken.

Der Weise weiß, wann es besser ist zu schweigen.

Sie werden glücklicher sein, wenn Sie eine Arbeit machen, für die Sie qualifiziert sind. Es ist nicht notwendig, sich immer selbst herauszufordern.

Wenn etwas Ihre Fähigkeiten überschreitet, sagen Sie nicht zu sich selbst: »Ich bin so dumm.« Versuchen Sie zu sagen: »Wer kann schon so einen tollen Hecht wie mich übertreffen!«

Durchbrechen Sie Ihre tägliche Routine.

Es ist einfacher, glücklich zu sein, wenn man nicht von den Wirren und dem Durcheinander des Alltags umgeben ist.

Erstellen Sie eine Liste von allem, was Sie immer schon einmal machen wollten, und fangen Sie damit an.

Zeigen Sie mir einen unglücklichen Gärtner.

Versuchen Sie zu schreiben ... eine Liste, einen Brief, ein Tagebuch, eine Erzählung oder eine Absichtserklärung.

Glücklich zu sein ist mehr wert, als Geschäfte zu machen.

Glück ist die Kraft, die die Welt bewegt.

Falsches Glück wird mit der Zeit schwächer – echtes Glück besteht für immer.

Unglück macht uns angreifbar. Es gibt kein größeres Verbrechen, als das Glück eines Menschen zu zerstören, einschließlich unseres eigenen.

Das Glück kann nicht wie ein Pferd angeschirrt werden. Behandeln Sie es vorsichtig, man kann es nicht erzwingen.

Glückliche Menschen können schwierige Situationen leicht meistern.

Setzen Sie Ihre Geschicklichkeit ein.

Bemühen Sie sich um Glück und gewinnen Sie Ihr Leben zurück.

Glückliche Menschen brauchen keine Routine.

Glückliche Menschen hören auf ihr Unterbewusstsein, um Probleme zu lösen.

Glückliche Menschen sind sichere Menschen.

Glückliche Menschen haben die besten Freunde.

Glückliche Menschen sind Veränderungen gegenüber aufgeschlossen.

Lesen Sie etwas, das Sie lesen wollen, nicht etwas, von dem man erwartet, dass Sie es lesen.

Die Arbeit geht leichter von der Hand, wenn Glück den Lohn bezahlt.

Glück ist mit Geld nicht zu bezahlen.

Glückliche Menschen wissen genau, wie viel sie sich aufladen können, und haben kein Problem, »Nein« zu sagen.

Die Glücklichen haben mehr von jedem Moment als diejenigen, die sich ihrem Unglück überlassen.

Ist es Ihnen möglich, ein paar von den Dingen, die Sie ärgerlich oder unglücklich machen, zu vermeiden? Wenn es so ist, tun Sie es.

Ein glückliches
Gesicht ist das beste
Empfehlungsschreiben.

Die glücklichen Menschen haben häufig mehr Einfluss.

Finden Sie Ihr Glück, indem Sie Dinge tun, die in keinem Zusammenhang stehen mit allem, was Sie sonst machen.

Glück verwandelt jede Arbeit in Spaß.

Nutzen Sie immer wieder einmal die Möglichkeit, sich die Dinge, die Ihnen Freude bereiten, anzusehen. Nehmen Sie Ihr Glück nicht als Selbstverständlichkeit hin.

Glück ist die unerwartete Belohnung eines freigebigen Herzens.

Wo es kein Vertrauen gibt, kann es kein Glück geben.

Versuchen Sie die Dinge, über die Sie sich leicht aufregen, zu vermeiden, bemühen Sie sich um ein ausgeglichenes Umfeld.

Das Glück beeinflusst Ihre Energie, nicht die eines anderen.

Ein fröhlicher Tag wiegt einige bedrückte wieder auf – ein Gramm Heiterkeit ist ein Pfund Traurigkeit wert.

Fröhlichkeit hat eine große Heilkraft, Sorgen sind eine tödliche Krankheit.

Glück hat die Kraft, sogar das verknöchertste Herz zu erweichen.

In den Augen des Glücks sind alle gleich.

Eine Liebe, die ewig anhält, kann man nur erleben, wenn man sich selbst mag.

Unglück ist ein Strick, der uns zu lautlos zu Boden zieht.

Lassen Sie ein Gefühl von Unterlegenheit nicht Wurzeln schlagen. Lernen Sie, mit sich selbst glücklich zu sein, und andere werden Ihnen folgen.

Sind Sie manchmal orientierungslos? Gehen Sie an Ihrem Lieblingsplatz spazieren.

Bekommen Sie schlechte Laune, wenn Sie warten müssen? Schauen Sie sich um und konzentrieren Sie sich auf etwas, das nichts mit dem zu tun hat, worauf Sie warten.

Gemeinsam lachen ist das beste Stärkungsmittel.

Hören Sie auf, sich Sorgen zu machen. Das hält jung.

Entspannen Sie sich und lassen Sie das Glück zu sich kommen.

Was immer Sie tun, ziehen Sie sich nicht von anderen Menschen zurück.

Glück ist wie Niesen – es kann nicht zurückgehalten werden.

Fühlen Sie sich hilflos oder frustriert, dann tun Sie etwas Konstruktives: Gehen Sie in den Park und füttern Sie die Vögel.

Glück ist stärker als Angst.

Setzen Sie sich und erreichen Sie Ihre eigenen Ziele. Das Glück kommt aufgrund konstruktiver Handlungen und braucht keinen Lehrmeister.

Lehnen Sie sich nicht zurück und warten Sie nicht darauf, dass das Glück passiert.

Beschließen Sie,
glücklich zu sein,
dann haben Sie
schon den halben
Weg hinter sich.

Leben und Tod

Es gibt die Geburt und den Tod, zwei Akte in einem Schauspiel, das Leben genannt wird. Dazwischen gibt es einen Zeitraum, den man genießen sollte.

Auf dem Weg zum Grab sollte man das Leben nicht vergessen.

Frohe Gedanken sind das beste Stärkungsmittel.

Freuen Sie sich niemals über Missgeschicke anderer und nehmen Sie Ihr eigenes Glück nicht als selbstverständlich hin.

Lamentieren Sie nicht über das Unvermeidliche.

Umarmen Sie das Glück.

Lernen Sie Ihr Glück zu schätzen.
Drehen Sie ihm niemals den Rücken zu.

Glück ist das größte Geschenk, nehmen Sie es wohlwollend auf.

Es ist nichts Besonderes, sich in einer traurigen Stimmung einsam zu fühlen. Aber denken Sie daran: Keine Traurigkeit ist neu, die gesamte Menschheit verbinden gemeinsame Erfahrungen.

Seien Sie glücklich mit dem, was Sie haben.

Im Unglück zu verweilen ist egoistisch.

Freude empfindet man doppelt, wenn man sie mit jemand teilen kann.

Gründen Sie Ihr Glück nicht auf materiellen Dingen. Sie können einem zu leicht weggenommen werden.

Freuen Sie sich an Ihrem Leben.

Unglück ist die zerstörerische Krankheit unserer Zeit.

Vermeiden Sie es, Gewohnheiten anzunehmen, dann hören Sie nämlich auf zu sein.

Denken Sie immer daran, dass Sie bei Ihrem Kampf gegen das Unglück niemals alleine sind.

Gedanken, nicht Stärke, regieren die Welt.

Zeit zu vergeuden bedeutet Leben vergeuden.

Verfolgen Sie Ihre Wünsche, solange Sie leben.

Vergeuden Sie Ihre Zeit nicht damit, andere um ihr Glück zu beneiden, sie sind wahrscheinlich gerade dabei, Sie zu beneiden.

Das Merkwürdige am Menschen ist, wie er sogar seine negativen Gefühle vergöttert.

Wie oft haben Sie sich schon vor anderen klein gemacht und keine gute Meinung von sich selbst abgegeben? Und wie oft haben Sie sich selbst schon gesagt, dass Sie das, was Sie gerade durchmachen, nicht verdienen?

Seien Sie ehrlich zu sich selbst. Wenn Sie sich selbst nicht so akzeptieren können, wie Sie sind, wie sollen es andere können?

Engagieren Sie sich. Viele unserer Illusionen über das Unglück rühren aus unserer Distanziertheit.

Wahrheit findet man im Leben nur sehr selten.

Das Glück ist gerne unberechenbar und kommt dann ganz überraschend.

Das größte Glück erfährt man, wenn man seiner Seele erlaubt, so rein und ehrlich wie die eines Kindes zu werden.

Hören Sie den Kindern zu – ihre Fenster zur Seele stehen offen.

Wenn wir jung sind, wird uns erklärt, dass es sich gehört, still zu sitzen und ruhig zu sein, Rennen und Lachen sind schlechte Angewohnheiten. Kehren Sie das um.

Wie der Morgen, so der Tag, wie die Kindheit, so der Mensch.

Manchmal kann es jemand erschrecken, wenn man ihm eine helfende Hand anbietet.

Wie Pubilius Syrus vor mehr als 2000 Jahren bereits feststellte, muss man die Angst vor dem Tod mehr fürchten als den Tod selbst.

Ist es der Tod, den Sie fürchten, oder ist es die Furcht vor dem Unbekannten nach dem Tod?

Sobald Sie die Unausweichlichkeit Ihres eigenen Todes akzeptieren, werden Sie frei sein für Ihr Leben.

Wer ist der Erbärmlichere – derjenige, der sich während seines Lebens wünscht, tot zu sein, oder derjenige, der sich vor dem Tod fürchtet?

Nützen Sie Ihr Leben für etwas, an das Sie wirklich glauben.

Nur weil Sie sich erlauben zu lachen, heißt das noch lange nicht, dass Sie das Leben nicht ernst genug nehmen. Das Glück hängt von Humor und den Perspektiven, die man hat, ab.

Ist es Ihnen schon aufgefallen, dass die Menschen, die ein erfülltes Leben führen, keine Angst vor dem Tod zu haben scheinen?

Vergeuden Sie Ihre Zeit nicht damit, sich vor dem Tod zu fürchten. Er ist noch nicht da, und wenn er kommt, werden wir uns nicht sorgen.

Wo wir sind, ist nicht der Tod und wo der Tod ist, sind wir nicht mehr.

Der Tod ist wie der Schlaf, ein Traum. Ob er Bewusstlosigkeit oder ein Nichts ist oder der Übergang der Seele von einer Welt in die nächste, die gesamte Ewigkeit liegt in einer Nacht.

Sich über den Tod zu sorgen ist so unnütz, wie sich Gedanken darüber zu machen, wer zum eigenen Begräbnis kommt.

Es gibt nichts, worüber wir so viel nachdenken, und nichts, das wir so wenig beeinflussen können wie den Tod.

Das nächste Mal, wenn Sie in den Himmel starren und sich fragen, ob es irgendwo im Universum Leben gibt, ziehen Sie auch die Möglichkeit, auf der Erde zu leben, in Betracht.

Sie werden sich selbst einen Tritt dafür verpassen, dass Sie nicht früher gemerkt haben, was für ein wundervolles Leben Sie hatten.

Es gab einen Mann, der jeden Tag die Todesanzeigen in der Zeitung gelesen hat, um zu überprüfen, ob sein Name dort stand – dann hat er erleichtert aufgeseufzt und jeden Tag gelebt, als ob es der erste und der letzte wäre.

Sorgen Sie sich nicht, an einer Überdosis Zufriedenheit zu sterben.

Wenn der Tod schließlich doch kommt, sollte er Sie genau bei der Tätigkeit ereilen, die Sie gerne tun.

Wenn Sie die Hoffnung in Ihrem Leben auf Diät setzen, werden Sie sich zu Tode hungern.

Diejenigen, die eifersüchtig sind auf die Zuwendungen, die anderen gegeben werden, sind meist zu sich selbst nicht nett.

Wer sagt, dass Sie das Leben, das Sie sich erträumen, nicht leben können?

Betrachten Sie das Leben mit Humor, denn wie schon ein weiser Mann sagte: Sie verlassen es nie lebend.

Genießen Sie das Leben und machen Sie das zu Ihrer Priorität.

Das Interesse der Menschheit am Tod ist eine andere Art, das Leben zu betrachten.

Das Letzte, was Sie in Ihrem Leben beabsichtigen sollten, ist zu sterben.

Die Veranlagung zur Fröhlichkeit ist die beste Medizin gegen die Krankheiten der Menschheit.

Das Leben ist ein bisschen wie Schauspielunterricht, während man auf einer Bühne eine öffentliche Vorstellung gibt.

Die Menschheit ist merkwürdig. Sie versucht die Natur zu kontrollieren, wo sie sich noch nicht einmal selbst kontrollieren kann.

Sie können nicht glücklich leben, wenn Sie nur ja und nein sagen und alles, wozu Sie ja sagen, schlecht ist und alles, wozu Sie nein sagen, gut ist.

Wir leben nur ein Leben, aber wir tragen mehrere mögliche Leben in uns, einige glückliche und einige unglückliche. Welchen Weg das Leben einschlägt, hängt davon ab, was uns zustößt.

Das Leben eines Menschen muss irgendetwas gewidmet werden. Mit dem Glück, unserem eigenem oder dem anderer, können wir beginnen.

Das Missverständnis, dass in dem Limit dessen, was wir verstehen können, die Grenze aller Dinge liegt, die man verstehen kann, macht häufig unglücklich.

Wir müssen lernen, Spaß daran zu haben, das Rätsel des Lebens zu lösen.

Wir alle haben die gleiche Anzahl an Chancen.

Das Geheimnis des Glücks liegt zur Hälfte darin, es sich selbst zu überlassen, ohne es zu erzwingen.

Haben Sie niemals ein schlechtes Gewissen wegen Ihres Glücks; packen Sie es, wo Sie nur können.

Lieber Gott, gib mir Geduld ... jetzt!

Versuchen Sie das, was Sie unglücklich macht, von einem anderen Standpunkt aus zu betrachten: Stellen Sie sich vor, Sie würden all die Energie, die Sie jetzt auf negative Gefühle verschwenden, nutzen, um sich selbst wieder zu mögen.

Sie können eine Pflanze großziehen: Achten Sie auf den Standort, gießen und düngen Sie sie nach Bedarf. Was Sie gepflanzt haben, wird bald blühen. Oder Sie können geduldig warten, sich umschauen und in jedem Moment viel Glück finden, weil Sie wissen, dass jeder zu einer wundervollen blühenden Pflanzen, werden kann.

Man muss Spaß am Leben haben. Vergessen Sie nicht, den Duft der Blumen wahrzunehmen, während Sie durchs Leben gehen.

Versuchen Sie an bewölkten Tagen nicht, ein Stückchen blauen Himmel zu finden, betrachten Sie stattdessen die Schönheit der Wolken.

Die Suche nach Glück ist wie das Säen eines Samens, ein Akt des Vertrauens.

Niemand kann besser Sie selbst sein als Sie.

Alles gehört jemanden.

Bringen Sie Vergangenheit, Gegenwart und Zukunft in ein Gleichgewicht.

Bewundern Sie nicht Ihren Reiseführer, sondern das, wohin er sie bringt.

Im Zen-Buddhismus betrachtet man beim Bogenschießen den Bogen selbst als Ziel.

So unterschiedlich wir sind, sind wir doch dieselben.

Behandeln
Sie das,
woran Sie
glauben, wie
einen freund-
schaftlichen
Ratgeber.
Dann wird
er zu Ihnen
gehören und
Teil Ihres
Lebens
werden.

Eines Tages möchte ich mit dem Menschen sprechen, der so zufrieden gelebt hat, dass er keine Worte mehr braucht.

Während Ihres Lebens werden Sie entdecken, dass Glück in den trivialen und den alltäglichen Dingen gefunden werden kann: in einem herabfallenden Blatt, im Schnee oder einer Fliege.

Ich wünschte, ich wäre, was ich war, als ich mir wünschte, ich wäre, was ich bin.

Glück kann uns lehren, den richtigen Blick auf die Dinge zu haben, und einen flüchtigen Augenblick der Erleuchtung schenken.

Auf John Ruskins Schreibtisch lag ein Stein, in den das Wort HEUTE geritzt war.

Setzen Sie Ihr Vertrauen in die Heiterkeit.

Die Welt der Kindheit ist so voller Eindrücke. Versuchen Sie einen Teil der Eindringlichkeit wiederzuerlangen.

Werden Sie mit dem Wissen glücklich, dass Sie sich mit dem Leben nicht allein abmühen.

Warum sollen wir all unsere Erfahrungen durch andere machen, wenn wir sie selbst machen können.

Es ist einfach, unglücklich zu sein, aber gewöhnlich gibt es einen Kampf um das Glück.

Kinder fürchten sich aus dem gleichen Grund vor der Dunkelheit, aus dem wir uns vor dem Tod fürchten. Es ist einfach die Angst vor dem Unbekannten, nicht die Sache selbst.

Das Problem der Menschen ist, dass sie sich selbst in ein Leben versetzen, das es ihnen völlig unmöglich macht, glücklich zu sein, und dann sitzen sie da und wünschen sich, glücklich zu sein, anstatt irgendetwas zu tun.

Glücklich ist der, der nicht von den Steinen dieses Lebens niedergedrückt wird.

Anstatt schnell schlechte Laune zu bekommen, betrachten Sie das Positive an einer Situation, wie schwer es auch immer sein mag. Diese Haltung kann Sie vor unnötigem Stress bewahren.

Ein glücklicher Mensch lebt nicht in Angst vor den Tagen, die kommen werden.

Glück ist ansteckend – seien Sie vorsichtig, neben wen Sie sich setzen.

Der wichtigste Mensch, den Sie kennen sollten, sind Sie selbst.

Kummer wird oft von Freude berührt.

Wir sind alle einzigartig und tragen trotzdem dieselben Päckchen Selbstzweifel, Furcht, Wut und Kummer mit uns herum.

Bei persönlichem Kummer fühlt man sich schnell einsam, aber denken Sie daran: Keine Sorge ist neu.

Es scheint, als hätte die Menschheit sich immer darum bemüht, das Glück zu finden. Nur die Furcht, es zu verlieren, hat sie es finden lassen.

Je mehr Sie in diesem Leben haben, desto größer ist die Chance, es wieder zu verlieren.

Es ist schon möglich, ohne Freude zu leben, aber wo ist da der Spaß daran?

Eines der wundervollsten Dinge, die man besitzen kann, ist das Wissen, sein Leben sinnvoll verbracht zu haben.

Manche Menschen scheinen, während sie das Glück verfolgen, ihr Leben nur unglücklicher zu machen.

Freuen Sie sich am perfekten Gleichgewicht der Natur.

Am Unglück festzuhalten ist egoistisch.

Halten Sie nicht an Dingen fest, die man nicht ändern kann. Das bringt Ihnen keinen Nutzen.

Machen Sie nicht die Vergangenheit für Ihr Unglück verantwortlich und stellen Sie keine Bedingungen für Ihr zukünftiges Glück. Genießen Sie jetzt.

Leisten Sie dem Unglück keinen Widerstand mehr, und das Glück wird kommen.

Um Glück zu finden, müssen Sie Ihren Verstand einsetzen.

Das Leben ist viel zu kurz, um uns selbst zu langweilen.

Keine Seele verschwindet von Glück unberührt aus diesem Leben.

Diejenigen, die schlecht von dieser Welt denken, sind in der Regel die, die keinen Spaß am Leben hatten.

Ein glücklicher Mensch weiß, dass es dumm ist, in der Dunkelheit über Farben zu diskutieren.

Warum nehmen wir das Glück anderer so genau wahr und vergessen darüber, unser eigenes zu schätzen?

Es mag eine virtuelle Realität geben, ein virtuelles Glück gibt es nicht.

Jeder hat das Recht zu fühlen, wie er fühlt – leugnen Sie Ihre Gefühle nicht.

Glück, das auf materiellen Dingen gründet, steht auf einem instabilen Fundament.

Glück verhilft zur Erkenntnis, dass der größte Verlust im Leben ist, sein Inneres während des Lebens sterben zu lassen – nicht der Tod selbst.

Philosophie

Das Glück gehört denen, die sich selber genügen.

Aristoteles

Eure Freude ist euer Leid ohne Maske. Und derselbe Brunnen, aus dem euer Lachen aufsteigt, war oft von euren Tränen erfüllt.
Und wie könnte es anders sein?
Je tiefer sich das Leid in euer Sein eingräbt, desto mehr Freude könnt ihr fassen.

Khalil Gibran

Alle haben es gleich. Wie man in einem See an keiner Stelle die Wasseroberfläche höher oder niedriger machen kann als an anderen Stellen, so kann man auch das Glück nicht durch materielle Mittel vermehren oder vermindern.

Leo N. Tolstoi

Dauerndes Glück ist Langeweile.

Oswald Spengler

Das Gefühl von Glück und Fülle ist ganz unabhängig von wirklichem Erleben? Aber in welcher Sphäre liegt es dann, und warum ist es manchmal in uns und manchmal wieder unerreichbar?

Franziska Gräfin zu Reventlow

Ein tiefer Fall führt oft zu höherem Glück.

William Shakespeare

Dass andere Leute kein Glück haben, finden wir sehr leicht natürlich, dass wir selbst keines haben, immer unfassbar.

Marie von Ebner-Eschenbach

Nur diejenigen sind glücklich, die ihren Blick auf etwas anderes als ihr eigenes Glück heften. Frage dich selbst, ob du glücklich bist, und du wirst aufhören, es zu sein.

John Stuart Mill

Glück ist immer das, was man dafür hält.

Ingrid Bergmann

Der Unterschied zwischen Vergnügen und Glück ist derselbe wie zwischen einem Kahn und einem Ozeandampfer. Auf den Tiefgang kommt es an.

Ewald Balser

Vergnügen kann ein Fließbanderzeugnis sein. Glück niemals.

John Steinbeck

Schlimmer betrogen, wer aus Angst vor Enttäuschung immer wieder sein Glück versäumte, als wer jede Möglichkeit eines Glücks ergriff, selbst auf die Gefahr hin, es könnte wieder nicht das wahre gewesen sein.

Arthur Schnitzler

Einem Menschen geht es nicht tausend Tage gut, eine Blume bleibt nicht hundert Tage rot.

Sprichwort aus China

Glück macht Mut.

Johann Wolfgang von Goethe

Das Glück des Lebens besteht nicht darin, wenig oder keine Schwierigkeiten zu haben, sondern sie alle siegreich und glorreich zu überwinden.

Carl Hilty

Glück ist wie ein Maßanzug. Unglücklich sind meistens die, die den Maßanzug eines anderen tragen möchten.

Karl Böhm

Gott behüte uns vor großem Glück.

Sprichwort aus den Niederlanden

Deine erste Pflicht ist, dich selbst glücklich zu machen. Bist du glücklich, so machst du auch andere glücklich.

Ludwig Feuerbach

Das Glück folgt meist denen, die es fliehen, und flieht die, die ihm folgen.

Erasmus von Rotterdam

Mancher versäumt das kleine Glück, während er vergeblich auf das große wartet.

Pearl S. Buck

Denn worum geht
es eigentlich?
Um das Glücklichsein.
Was tut es dann, ob
man klug oder dumm
ist?

Voltaire

Großes Glück ist die
Feuerprobe des
Menschen, großes
Unglück nur die
Wasserprobe.

Jean Paul

Der Optimist erklärt, dass wir in der besten aller möglichen Welten leben, und der Pessimist fürchtet, dass dies wahr ist.

James B. Cabell

Jeder ist wohl seines Unglücks Schmied, aber seines Glückes Schuldner.

Emil Ludwig

Behalte dein Glück stillschweigend für dich und erfreue dich daran.

Titus Maccius Plautus

Bekommen, was man sich wünscht, ist Erfolg.
Sich wünschen, was man bekommen kann, ist Glück.

Charles F. Kettering

Glück ist nicht nur leben können, sondern auch sterben dürfen. Der Tod ist schon bei der Geburt in uns angelegt und reift in uns wie ein Organ.

August Everding

Es gibt kein vollkommenes Glück.

Horaz

Ich bin nicht Optimist, ich will Optimist sein.

Emile Zola

Alles verändert sich um uns her. Wir selbst verändern uns, und keiner ist sicher, morgen das noch zu lieben, was ihm heute gefällt. So sind alle unsere Entwürfe der Glückseligkeit nichtige Hirngespinste.

Jean-Jacques Rousseau

Das Glück von heute lässt das Unglück vergessen, das Unglück von heute lässt das Glück vergessen.

AT, Jesus Sirach 11, 25

Denn die Begriffe von Glück sind so verschieden wie die Genüsse und die Sinne, mit welchen sie genossen werden.

Heinrich von Kleist

Der Optimismus ist die Wesenheit eines starken Herzens.

Karl Peltzer

Die Menschheit wird erst glücklich sein, wenn alle Menschen Künstlerseelen haben werden, das heißt, wenn allen ihre Arbeit Freude macht.

Auguste Rodin

Ehe man vom Glück der befriedigten Bedürfnisse redet, sollte man entscheiden, welche Bedürfnisse das Glück ausmachen.

Leo N. Tolstoi

Je dümmer der Mensch, desto größer das Glück.

Sprichwort aus Deutschland

Nimm einem Durchschnittsmenschen seine Lebenslüge, und du nimmst ihm zugleich sein Glück.

Henrik Ibsen

Nichts ist leichter zu zerstören als das Glück eines Menschen. Es ist das Ergebnis einer unendlichen Reihe von Ursachen und schwer zu fassenden und doch sehr tief reichenden Bedingungen.

Sully Prudhomme

Das Glück kommt nicht in Paaren, das Unglück nie allein.

Sprichwort aus China

Seit es Menschen gibt, hat sich der Mensch zu wenig gefreut. Lernen wir besser, uns zu freuen, so verlernen wir, anderen wehe zu tun.

Friedrich Nietzsche

Das Glück ist irdisch.

Sully Prudhomme

Kummer lässt sich allein tragen. Für das Glück sind zwei Menschen erforderlich.

Elbert Hubbard

Das mühsam erlangte Glück wird doppelt genossen.

Baltasar Gracián y Morales

Das höchste Glück des Menschen ist die Befreiung von der Furcht.

Walther Rathenau

Das Glück ist ein Mosaikbild, das aus lauter unscheinbaren kleinen Freuden zusammengesetzt ist.

Daniel Spitzer

Wer das Glück genießen will, muss es teilen, denn es wurde als Zwilling geboren.

Lord Byron

Dunkel ist des Glückes
launenhafter Gang,
ein unbegreifbar,
unergründlich Rätselspiel.

Euripides

Glück hat niemals ein Maß.

Lucius Annaeus Seneca

Glück ist gut für den Körper, aber
Kummer stärkt den Geist.

Marcel Proust

Glücklich machen ist
das höchste Glück.
Aber auch dankbar
empfangen können
ist ein Glück.

Theodor Fontane

Ich habe nur ein Ziel: Mein Glück für das eines anderen zu opfern und vielleicht dadurch selber glücklich zu werden.

Alma Mahler-Werfel

Man hat nur an so viel Freude und Glück Anspruch, als man selbst gewährt.

Ernst von Feuchtersleben

Glücklich ist nicht,
wer anderen so vorkommt, sondern wer
sich selbst dafür hält.

Seneca

Ist das Leben unglücklich, so ist es mühselig zu ertragen; ist es glücklich, so ist es furchtbar, es zu verlieren. Beides kommt aufs Gleiche heraus.

Jean de La Bruyère

Glücklich wird der Mensch durch die Bestätigung seiner eigenen Kräfte, wenn er sich selbst aktiv in der Welt erlebt ... Es lässt sich zeigen, dass das Glück für den Menschen in der Liebe zum Leben liegt.

Erich Fromm

Unglück, also Pech, zu haben, ist ärgerlich, doch Glück, also Dusel, zu haben, ist irgendwie beschämend.

Jules Renard

Nur ein Idiot kann immer glücklich sein.

Sophia Loren

Es tut nichts, wenn man nicht über alles gleich denkt, und jeder muss sein inneres Glück auf seine eigene Weise bauen.

Wilhelm von Humboldt

Tiefes Glück ist Gegenwart ohne Denken.

Oswald Spengler

Wirkliches Glück muss von innen kommen. Einzig die Freude und die Zufriedenheit, die der inneren Kraft des Geistes entspringen, sind wahrhaft und beständig.

Dalai Lama XIV.

Wenn man den Zustand eines Menschen seiner Glücklichkeit nach abschätzen will, soll man nicht fragen nach dem, was ihn vergnügt, sondern nach dem, was ihn betrübt: Denn je geringfügiger dieses, an sich selbst genommen, ist, desto glücklicher ist der Mensch.

Arthur Schopenhauer

Leben erhalten ist das einzige Glück.

Albert Schweitzer

Ein Optimist weiß genau, wie traurig die Welt sein kann, während es ein Pessimist allmorgendlich neu herausfindet.

Peter Ustinov

Begreife das Glück als absurd, als unmöglich, und trachte dennoch, es zu erobern.

Benedetto Croce

Schweigen ist die wesentlichste Bedingung des Glücks.

Heinrich Heine

Möglichst viel Glück, sagt man. Aber wie, wenn die höchste Glücksempfindung einen Menschen voraussetzte, der auch Allertiefstes gelitten haben muss? Wenn Glücksgefühl überhaupt erst möglich wäre in einem durch Lust und Unlust gereiften Herzen? Wer möglichst viele Glücksmöglichkeiten fordert, muss auch möglichst viel Unglück fordern, oder er negiert ihre Grundbedingungen.

Christian Morgenstern

Im Glück wird man vergesslich.

Menander

Ich glaube, dass das Glück nur in der heiteren Auffassung des Lebens und in der Vortrefflichkeit des Herzens und nicht in den äußeren Umständen liegt.

Fjodor M. Dostojewski

Wer dem Glück entsagt, hat das Glück erjagt.

Ernst Ziel

Glücklich leben und naturgemäß leben ist eins.

Seneca

Wenn man am Abend auch weint, am Morgen herrscht wieder Jubel.

Psalmen 30, 6

Glücklich ist
man bestenfalls
unterwegs, nie
am Ziel.

Heinrich Waggerl

**Man ist nur glücklich
durch das, was man
fühlt, nicht durch
das, was man ist.**

Sully Prudhomme

Die Glückseligkeit und das glückliche Leben dürften sich aber dann einstellen, wenn drei Dinge vorhanden sind, die am wünschenswertesten zu sein scheinen: Denn für das höchste Gut hält man teils die Vernunft, teils die Rechtschaffenheit, teils die Lust.

Aristoteles

Wer glücklich lebt, weiß nicht, was es bedeutet, glücklich zu sein.

Sprichwort aus China

Wer ist glücklich?
Die Götter wissen es, denn sie blicken ins Herz der Weisen, der Könige und der Hirten.

Charles de Montesquieu

Vergnügen ist das Einzige, wofür man leben sollte. Nichts macht so alt wie Glück.

Oscar Wilde

Von außen kommt dem Menschen nie sein Glück.

Leopold Schefer

Wenn alle Menschen sich immer gegenseitig beistünden, dann bedürfte niemand des Glücks.

Menandros

Nicht glücklich ist, wer nicht glücklich zu sein glaubt.

Publilius Syrus

Das Glück ist zuweilen brutal. Es trifft manchmal wirklich den Unschuldigen.

Guido Buchwald

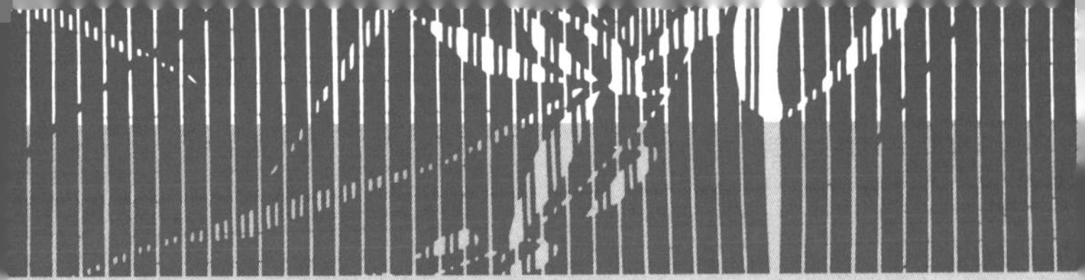

Wer Freude und Glück aus vollem Herzen, aber nobel empfindet, trägt auch das Unglück und den Kummer edel und fest.

Gottfried Keller

Ein Glück, das man nie gekannt, zu entbehren, tut nicht weh, weh aber, ein Glück zu verlieren, an das man gewöhnt war.

Thukydides

Große Glücksfälle setzen den nicht in Verlegenheit, der noch größerer würdig ist.

Baltasar Garcián y Morales

Glückspilze sind ungenießbar.

Lee van Cleef

Jedes Neue, auch das Glück, erschreckt.

Friedrich von Schiller

Ich denke, dem Glücklichen schlägt keine Stunde, und er soll die glückliche Stunde nicht abkürzen, auch nicht auf die Gefahr hin, dabei einmal unpünktlich zu sein.

Theodor Fontane

Glaube mir, die Gelegenheit, andere glücklich zu machen, ist seltener, als man denkt.

Jean-Jacques Rousseau

Der ist beglückt, der sein darf, was er ist.

Friedrich von Hagedorn

Ein Glück, das mit dem Unglück der Mitmenschen erkauft wird, ist ein unerlaubtes Glück.

Michel del Castilo

Die glücklichsten Momente unseres Lebens sind diejenigen, in denen wir die seltsame Empfindung haben, als stünde es in unserer Macht, dieses Leben wieder von vorne anzufangen und das Bisherige mit all seinen Leiden und Irrtümern auszustreichen wie einen Aufsatz, den wir nun besser zu schreiben hoffen, als er uns im ersten Entwurf gelang.

Arthur Schnitzler

Glücklich kann
keiner genannt
werden, der
keinen Sinn für
Wahrheit hat; ein
glückliches Leben
ist also dasjenige,
welches auf einer
richtigen und
zuverlässigen
Lebensansicht
ruht und sich darin
nicht wankend
machen lässt.

Seneca

Fleiß ist des Glückes Vater.

Sprichwort aus Deutschland

Es gibt kein Glück im Wohlstand, durch Leiden wird das Glück erkauft.

Fjodor M. Dostojewski

Glück wird durch Aufschub süßer, und es ist besser, ein kleines Glück später, als ein großes gleich zu kosten.

Chrétien de Troyes

Für nichts ist der Mensch so wenig geschaffen wie für das Glück, und von nichts hat er schneller genug.

Paul Claudel

Glück ist der Zustand, den man nicht spürt.

Kurt Tucholsky

Glück erkennt man erst im Rückspiegel.

Hannelore Schroth

Glück im Leben besteht aus den vielen Dingen, die einem nicht zugestoßen sind.

Paul Hörbiger

Hast du das Glück in der Faust, so halte sie fest zu; denn es ist sehr schlüpfrig und lässt sich nicht gern wider Willen halten.

Julius Wilhelm Zincgref

Wer dem Leid nicht ins Antlitz gesehen hat, wird niemals die Freude erblicken.

Khalil Gibran

Wer meint, er sei nicht zum Glück geboren, könnte doch wenigstens am Glück seiner Freunde oder Angehörigen teilhaben. Aber Missgunst raubt ihm auch diese letzte Möglichkeit.

Jean de La Bruyère

Willst du glücklich sein? Dann lerne erst leiden.

Iwan S. Turgenjew

Aufgabe des Lebens, seine Bestimmung, ist Freude. Freue dich über den Himmel, über die Sonne, über die Sterne, über Gras und Bäume, über die Tiere und die Menschen. Und sei auf der Hut, dass diese Freude durch nichts zerstört wird.

Leo N. Tolstoi

Wann hat einer sich am meisten der Wankelbarkeit des Glücks zu befürchten? – Wann es einem am allermeisten nach seinem Wunsch geht.

Kaiser Maximilian I.

Das Glück ist blind.

Cicero

Alles, was der Glückliche wünscht, ist, geboren zu sein.

Sprichwort aus Wales

Plötzliches Glück aller Art ist auf schwankendem Grund gebaut, weil es selten verdient ist. Die Früchte der Arbeit und Klugheit reifen spät.

Luc de Clapiers

Auf jeden Grashalm fällt ein Tröpfchen Tau.

Sprichwort aus China

Lächeln ist das Kleingeld des Glücks.

Heinz Rühmann

Wir hatten nicht darum gebeten, geboren zu werden, wir hatten niemanden verraten, wir waren unschuldige Kreaturen, warum sollten wir nicht so glücklich sein, wie wir es verdienten?

Lidia Jorge

Man will nicht nur glücklich sein, sondern glücklicher als die andern. Und das ist deshalb so schwer, weil wir die andern für glücklicher halten, als sie sind.

Charles de Montesquieu

Das wahre Glück des Menschen ist Gesundheit und froher Mut. Wer diese beiden Gaben hat, kann alle übrigen entbehren.

Palmblätter

Glück ist das Einzige, was man geben kann, ohne es zu besitzen.

Volkstümlich

Der Sinn des Lebens ist das Glück.

Aus Russland

Wenn jemand sagt: Ich bin glücklich, so meint er damit ganz einfach: Ich habe zwar Ärger, aber er lässt mich kalt.

Jules Renard

Unter allen Mitteln, sein Glück zu machen, ist das kürzeste und beste das: die Leute klar erkennen zu lassen, dass es in ihrem Interesse liege, euch Gutes zu erweisen.

Jean de La Bruyère

Um glücklich zu sein, muss man das Unglück meiden, um fröhlich zu sein, muss man die Langeweile meiden.

Leo N. Tolstoi

Niemand kann sein Glück genießen, ohne daran zu denken, dass er es genießt.

Samuel Johnson

Man ist glücklich oder unglücklich durch eine Menge von Dingen, die nicht ans Tageslich kommen, über die man nicht spricht und nicht sprechen kann.

Chamfort

Gott, was ist Glück! Eine Grieß-suppe, eine Schlafstelle und keine körperlichen Schmerzen – das ist schon viel.

Theodor Fontane

Glück ist die Gesundheit der Seele.

Hans Lohberger

Die Pflicht, unbedingt wenigstens einen Menschen in seinem Leben glücklich zu machen, und zwar praktisch, das heißt: in Wirklichkeit, das würde ich für jeden entwickelten Menschen einfach zum Gebot machen.

Fjodor M. Dostojewski

Ein langes Glück verliert schon bloß durch seine Dauer.

Georg Christoph Lichtenberg

Die Quelle unseres menschlichen Lebens, die Quelle unseres persönlichen Glücks hängt doch alle Zeit von dieser persönlichen Welt ab.

Anaïs Nin

Reisen

Der glückliche Mensch lässt sein Gepäck hinter sich, um das Jenseits zu betreten. Der unglückliche Mensch rechnet zusammen, was sein Leben gekostet hat, und jammert über die zusammengetragenen Schätze, die er zurücklassen muss.

Man sagt, derjenige gewinnt, der bis zum Ende durchhält.

Reisen erweitert den geistigen Horizont.

Das Glück liegt auf dem Weg, der Ihnen die Möglichkeit bietet, sich selbst zu erkennen.

Wer weit reist, kennt viel.
Sprichwort aus Persien

Seien Sie vorsichtig mit dem, was Sie behaupten zu sein, weil es das ist, was Sie sind.

»Ich sehe ein Licht am Ende des Tunnels«, sagt der Optimist. »Es ist wahrscheinlich ein Zug, der auf uns zurast«, antwortet der Pessimist.

Reisen lehrt einen, wie man die Dinge sehen soll.

Sprichwort aus Afrika

Das Glück liegt auf dem Weg zu Ihrer eigenen Wirklichkeit, nicht auf dem zu einer fremden.

Denken Sie über das Leben wie über einen Tag, auch er hat Schatten- und Sonnenseiten.

Das Glück ist dort, wo Sie sind, und bei dem, was Sie machen. Sie haben die freie Wahl.

Versuchen Sie, auf das richtige Gleis zu kommen, und vermeiden Sie, überrannt zu werden.

Das Glück gehört denjenigen, die erkennen, dass sie dort sind, wo sie hin wollen.

Sie können erschöpft den ausgetretenen Pfad entlangstapfen oder sich ruhmreich in den Wäldern zu beiden Seiten verlaufen.

Suchen Sie sich die Plätze, an denen Sie glücklich sein können: In der Stadt sehnen wir uns nach dem Landleben und auf dem Land wünschen wir uns zurück in die Stadt.

Sie müssen nicht irgendwo hingehen, um irgendwo anzukommen.

Versuchen Sie das Glück zu erkennen, wenn Sie bei ihm angekommen sind.

Die Welt ist kein schlechter Platz, nur was wir aus ihr und mit ihr machen, verursacht die Probleme.

Sie werden alleine nicht in der Lage sein, die Welt zu verändern, aber Sie können eine wichtige Rolle darin spielen, wie wir sie behandeln.

Der falsche Weg kann der richtige Weg sein, wenn Sie Ihren Irrtum erkennen.

Reisen Sie mit leichtem Gepäck – vorgefasste Meinungen und Vorurteile gehören nicht hinein.

Das Paradies ist da, wo Sie sind, das verlorene Paradies ist da, wo Sie nicht sind.

Erlauben Sie den Verpflichtungen auf Ihrem Weg, Ihren Entschluss zu stärken.

Verwandeln Sie die Hindernisse auf Ihrem Weg in Stufen.

Lassen Sie sich durch nichts von Ihrem Glück abschrecken, sie müssen Ihren Weg klar vor sich erkennen.

Erlauben Sie sich, nach schönen und zufrieden stellenden Erfahrungen zu suchen.

Wer ist in einem Garten unglücklich?

Der schwierigste Schritt ist immer der erste.

Schönheit
findet man
auf einem
Berggipfel
oder in einer
sonnenbe-
schienenen
Ebene,
genauso wie
in einem Tal
oder im
kühlen
Schatten.

Wer klug reist, trägt sein eigenes Gepäck.

Einer, der auf der Erde steht, die sich dreht, sagt: »Ich werde niemals irgendwohin kommen.«

Meide den Weg, auf dem nichts blüht.

Fragen Sie sich, ob Sie gerade vom Garten Eden wegfahren.

Wo beginnt die Reise?

Es ist nicht heldenhaft, über das Unglück des Glücks zu sprechen.

Sie können versuchen, die Ursache Ihrer Unglücklichkeit ausfindig zu machen, indem Sie Ihre Träume deuten. Die Erklärungen der Experten liefern Ihnen mit Sicherheit etwas zum Lachen.

Wie alles in der Natur wachsen wir, blühen und verwelken. Das ist schön und zugleich eine Tragödie.

Das Leben ist eine Reise mit unbekanntem Ziel.

Wir tragen alle
Wunder dieser Erde
in uns, versuchen
aber immer, sie
außerhalb von uns
zu finden.

Erleben Sie die Natur, das kann Ihnen grenzenlose Energie und ein großes Glücksgefühl schenken.

Der Weg zum Glück ist manchmal länger als der zum Unglück.

Es ist nicht das Ziel, sondern das Reisen selbst, das wichtig ist.

Ein Herz voller Hoffnung und Aufgeschlossenheit sind die besten Reisebegleiter.

Wenn Sie gar nicht nach dem Glück suchen, ist Ihre Reise dann wirklich notwendig?

Manchmal fühlen wir uns wie die frühen Entdecker – wir sehen nur noch das Meer und glauben zeitweise nicht mehr daran, dass es das Land gibt.

Manchen fällt das Glück einfach in den Schoß, andere sind glücklich mit dem, was sie haben, wieder andere machen sich auf die Suche nach ihrem Glück.

Alles, worum ich bitte, ist das Stückchen Erde unter mir und der Himmel über mir.

Reisen Sie nur um des Reisens willen.

Das Glück findet man nicht am Ziel, aber im Duft der Blumen, die entlang des Weges stehen.

Eine Reise um die Erde garantiert nicht, dass man an einem Schatz vorbeikommt.

Viele Wege führen auf den Gipfel des Berges, die Sicht ist aber immer die gleiche.

Suchen Sie auf Ihrer Reise nach einem Grabstein mit der Inschrift: »Er liegt hier, wo er immer sein wollte.«

Still zu stehen bedeutet nicht, kein Ziel zu haben.

Laufen Sie nicht immer zu irgendetwas hin oder vor irgendetwas weg, laufen Sie einfach nur.

Wo ist der Ort, an den Sie sich in schweren Stunden zurückziehen, an dem ein friedlicher Moment Ihr Herz wieder genesen lassen kann?

Erlauben Sie ihren Gedanken, zur Ruhe zu kommen, sie werden wie aufgewühltes Wasser bald wieder klar werden, wenn man sie nicht stört.

Schweigen Sie in einem Wald. Lassen Sie Ihre Gedanken die einzige Bewegung in der Stille sein. In der Ruhe ist der Verstand Ihre Kraft. Hören Sie auf ihn.

Seien Sie geduldig. Mit Geduld kann man Glück und Unglück ertragen.

Es gibt so viele Wege wie Reisende.

Jeder neue Tag hat eine Vergangenheit, eine Gegenwart und eine Zukunft. Alles ist also immer im Fluss.

Erst wenn man sich selbst gut kennt, sollte man versuchen, andere zu verstehen.

Drehen Sie sich auf Ihrer Reise ab und zu um und genießen Sie den Ausblick.

Der Weg in die Freiheit beginnt immer im Kopf.

Derjenige, der am schnellsten läuft, kommt nicht immer als Erster an.

Genießen Sie es zu reisen, aber machen Sie die Straße nicht zu Ihrem Zuhause.

Immer nur ein Schritt. So kommt man sicher ans Ziel.

Genießen Sie Ihre Gesellschaft und Ihre Gedanken. Können Sie sich jemals allein fühlen, wenn Sie sich selbst immer begleiten?

Suchen Sie nach Anregung, versuchen Sie aber auch andere zu inspirieren.

Achten Sie jeden Moment. Er und Ihre Rolle darin sind einmalig und wiederholen sich niemals.

Nützen Sie jeden Tag effizient und seien Sie hoffnungs- und humorvoll.

Erwarten Sie von Menschen nicht, dass sie so sind, wie Sie sie gerne hätten. Achten Sie die Individualität jedes Einzelnen.

Nutzen Sie Ihr Sehvermögen – achten Sie nicht auf das, was fehlt, sondern teilen Sie Ihre Freude mit anderen.

Die interessantesten Reisen macht man nicht auf geraden Straßen.

Die aufregendsten Reisen finden manchmal im Kopf statt.

Reisen Sie hoffnungsvoll, wohnen Sie im Glück.

Reisen ist das Leichtsinnige in einem ernsten Leben und der ernsthafte Teil eines leichtsinnigen Lebens.

Reisen Sie nicht nur mit dem Körper, sondern auch mit dem Geist.

Diejenigen reisen am weitesten, die nirgends hinfahren.

Einen Teil des Weges machen die Fehler in unserem Leben aus.

Glauben Sie niemals, dass Sie ausgelernt haben.

Erklimmen Sie den Felsbrocken, der Ihnen im Weg war, und genießen Sie den Blick aus einer anderen Perspektive.

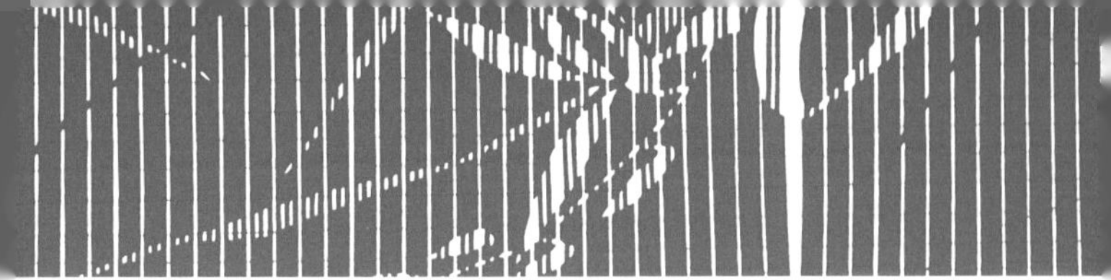

Ein Reisender, der nicht beobachtet, ist wie ein Vogel ohne Flügel.

Saadi

Reue und Anschuldigungen sind eine Last, die zu schwer ist, um sie zu ertragen.

Je weiter die Reise einen führt, desto mehr Gefahren begegnet man. Nur wer wagt, gewinnt!

Der vorsichtige Fuß kann überall hingehen.

Sie können die ganze Welt bereisen, aber solange Ihr Geist nicht aufnahmefähig ist, sparen Sie sich das Geld lieber und bleiben zu Hause.

Stellen Sie sich den Weg zum Glück nicht entweder kurz oder lang vor.

Nehmen Sie sich die Freiheit, den Weg zum Glück zu gehen, den Sie für richtig erachten. Keine zwei Menschen werden jemals den gleichen Weg wählen.

Gehen Sie davon aus, dass Sie auf Ihrem Weg zum Glück lächeln und vor Freude weinen werden.

Der Weg zum Glück ist eine Pilgerfahrt, die jeder für sich machen muss.

Immer nur Glück zu haben ist unerträglich. Es wäre die Hölle.

Beschließen Sie, nicht arm zu sein: Wie viel Sie auch haben, geben Sie weniger aus. Armut ist der größte Feind des Glücks.

Wenn Sie bewundern können, ohne zu begehren, werden Sie wahres Glück erfahren.

Es scheint so, als ob die Menschen nicht wahrnehmen, ob es Sommer oder Winter ist, wenn sie glücklich sind.

Ich sehe mich selbst bei nichts als so glücklich an wie in Momenten, in denen ich an meine Freunde denke.

Ein fröhliches Lied soll den Weg in Ihr trauriges Herz finden.

Gehen Sie nicht davon aus, dass das Glück auf Sie wartet. Manchmal müssen Sie sich umschauen und in entlegenen Winkeln suchen. Glück, das Ihnen dank eigener Anstrengung zuteil wird, ist zweifelsfrei eine Belohnung.

Sie können die Nüsse, die auf dem Weg liegen, sammeln, aber knacken müssen Sie sie selbst.

Sie müssen den Weg des Glücks regelmäßig entlanggehen, sonst überwuchert ihn bald das Unkraut.

Wenn Sie zu schnell gehen oder zu ungeduldig sind, werden Sie viel verpassen.

Am Wegesrand werden Dornen sein, wenn Sie nach oben blicken, werden Sie aber die Rosen sehen.

Auf Ihrer Reise werden Sie manches über sich selbst herausfinden, das Sie glücklich macht, behalten Sie es bei. Mit anderem werden Sie unglücklich sein, werfen Sie es über Bord.

Sobald Sie in der Lage sind, den Dingen gegenüberzutreten, die Sie unglücklich machen, werden sie ihre Macht verlieren.

Treten Sie auch den Dingen gegenüber, die Glück bringen. Erst wenn Sie in der Lage sind, sie zu erkennen, werden sie Einzug in Ihr Leben halten.

Konzentrieren Sie sich nicht so sehr auf Ihre eigene Reise, dass Sie vergessen anzuhalten und anderen zu helfen.

Das Glück, das Sie suchen, ist im Hier und Jetzt. Es hat keinen Sinn, Erinnerungen nachzujagen.

Ein Baum ist glücklich, ein Baum zu sein, obwohl er niemals in seinem Schatten saß. Ein Löffel ist glücklich, ein Löffel zu sein, obwohl er den Geschmack der Suppe nicht kennt.

Verlassen Sie sich nicht darauf, dass andere Ihnen den Weg weisen, nehmen Sie Ihre eigene Karte mit.

Sie müssen nicht unbedingt vorwärts gehen, Sie können auch seitwärts oder aufwärts gehen, nur nicht rückwärts.

In jedem von uns ist ein Ozean, ein Wald und ein Weg, sonnige und schattige Plätze. Die ganze Zeit, in der wir versuchen, aus uns selbst herauszukommen, wartet ein Paradies in uns.

Man muss immer Opfer bringen. Um guten Essig zu bekommen, muss man ihn mit seinem besten Wein ansetzen.

Das Leben ist kein Wettlauf. Gewinner ist nicht derjenige, der es als Erster beendet.

Wenn wir alles, was uns entlang des Weges begegnet, im Voraus haben könnten, würden wir die Reise niemals beginnen.

Manche hängen so viele Köder an ihren Haken, dass kein Fischmaul darüber passt.

Derjenige, der zu spät kommt, ist immer glücklicher als derjenige, der auf ihn gewartet hat.

Wenn Sie Ihr Unglück denjenigen gegenüber einräumen, die Sie treffen, werden sie Ihnen helfen, das Glück zu finden. Lassen Sie es nicht zu, dass Ihr Stolz Sie isoliert.

Manchmal wird die Straße von denjenigen blockiert, die darauf beharren, ihr Haus genau dort zu bauen, weil sie nicht verstehen, dass die Straße überquert werden soll.

Der Gärtner, der freudig den Baum gepflanzt hat, hat ihn niemals in der Größe gesehen, in der er uns jetzt Schatten spendet.

Verirren Sie sich, ist es besser, nach dem Weg zu fragen und sich kurz dumm zu fühlen, als nicht zu fragen und den Rest des Lebens der Dumme zu sein.

Immer wenn Sie frustriert sind und merken, dass Sie nicht weiterkommen, denken Sie daran, dass wir alle auf der Erde festsitzen.

Einen Teil des Weges machen die Fehler aus. Das ist unser Schicksal.

Ein glücklicher Mensch fragt nach dem Weg, selbst wenn er ihn kennt.

Vergleichen Sie nicht Ihr Glück mit dem anderer. Glück entzieht sich dem Vergleich.

Zweifel

Warum hassen wir es so, belehrt zu werden, wenn wir so gerne lernen?

Warum soll das Verlangen von irgendjemand, unglücklich zu sein, jemand anderem Unbehagen bereiten?

Nehmen Sie an, dass es Menschen gibt, die dazu bestimmt sind, unglücklich zu sein?

Warum wirken wir glücklich, wenn wir jemand für etwas verantwortlich machen können, und unglücklich, wenn wir verantwortlich gemacht werden?

Glück findet man nicht, indem man andere für die eigenen Fehler verantwortlich macht. Übernehmen Sie die Verantwortung für Ihre Handlungen und Ihre Gefühle.

Man kann nicht in der Praxis egoistisch sein, im Prinzip aber nicht.

Das Glück hat keine Garantie.

Warum
sind wir
mit
anderen
weniger
streng
als mit
uns
selbst?

Warum ist es so einfach, für die eigenen Prinzipien zu kämpfen, und so schwer, sie auch wirklich zu leben?

Warum ist es so schwierig, zwischen Fröhlichkeit und Traurigkeit zu wählen?

Gibt es einen bescheidenen Menschen, der auf seine Bescheidenheit nicht stolz ist?

Wissen Sie, warum und wie wir glücklich sind? Wenn Sie es wissen, dann kennen Sie auch das Glück.

Das Glück geht an den Meistbietenden.

Bringt ein Herzenswunsch, der in Erfüllung geht, Glück oder wären wir glücklicher ohne die Wünsche?

Warum scheint der erste Glücksmoment immer alles zu enthalten?

Wahres Glück stellt keine Bedingungen.

Das Leben ist ein ewiger Kreislauf. Das war es schon immer und wird es immer sein. Kluge Menschen sind geduldig, egal in welcher Situation, weil sie wissen, dass die Ruhe auf den Sturm folgt.

Ich bin eine perfekte, in sich geschlossene Persönlichkeit ohne Risse – wie kann ich glücklich sein, wenn die Sonne nicht in mich eindringen kann?

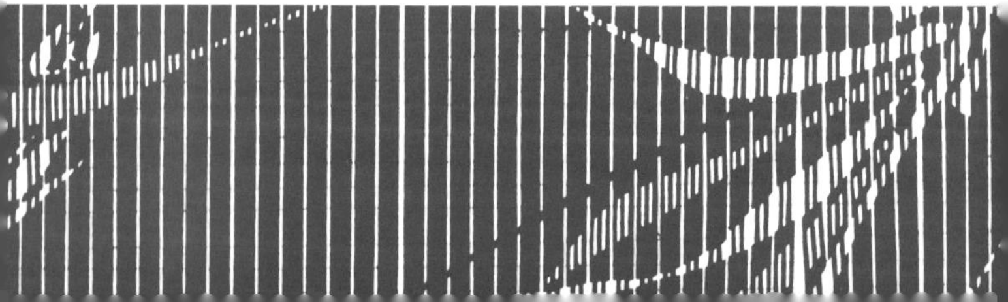

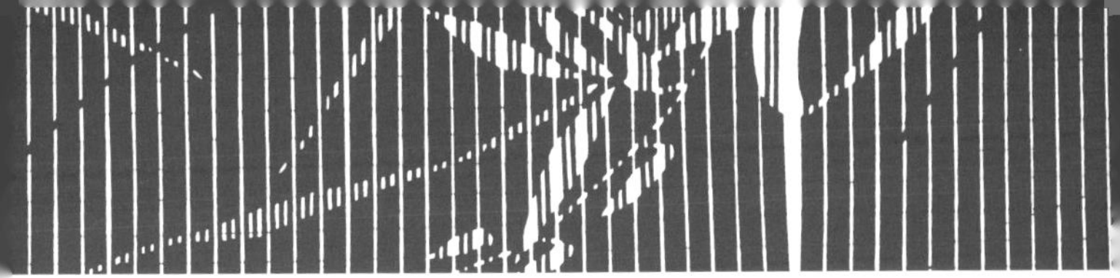

Sie fragen sich, wie Sie Ihren Vorteil nutzen können, wenn Sie nicht zur richtigen Zeit am richtigen Ort sind? Man kann sogar zur richtigen Zeit am richtigen Ort seine Chance verpassen.

Warum lässt gerade die Suche nach dem Glück so viele Menschen deprimiert werden?

Ist der Arme glücklicher als wir, weil er nicht weiß, was ihm fehlt?

Der größte Tyrann wirkt klein, vom Gipfel des Glücks aus betrachtet.

Was sind wir?
Glücklich.
Wo kommen wir her?
Vom Glück.
Wo wollen wir hin?
Zu noch größerem Glück.

Sind Sie glücklich, einen Doughnut zu haben? Aber was ist mit dem Loch in seiner Mitte?

Es scheint so, als wollten wir wissen, ob es ein Leben nach dem Tod gibt. Macht es uns glücklicher, die Sicherheit zu haben? Auch dann, wenn wir nicht wissen, in welcher Form es stattfinden wird?

Es gibt diejenigen, die sich auf das glückliche Leben nach dem Tod konzentrieren, und diejenigen, die ein glückliches Leben bevorzugen.

Wie können wir jemals glücklich sein, wenn das bedeutet, unseren Hang zum Leiden und Jammern aufzugeben?

Können wir all unsere kreative Energie aktivieren, um ein friedliches und glückliches Leben zu schaffen?

Kann es sein, dass die Freude der Schatten ist, den die Sorge wirft?

Warum muss man, wenn man glücklich sein möchte, sich auch mit anderen abgeben?

Warum erlaubt man uns nur dann, glücklich zu sein, wenn wir einwilligen, unser Glück mit andern zu teilen?

Hängt Ihr Glück von äußeren oder inneren Umständen ab?

Fragen Sie sich: »Bin ich glücklich?« Sogar wenn Sie es sind, werden Sie aufhören, es zu sein, in dem Moment, in dem Sie sich die Frage stellen.

Warum ist die Suche nach dem Glück häufig eine so unglückliche Expedition?

Sind wir jemals so glücklich oder unglücklich, wie wir es uns einbilden?

Gibt es die Möglichkeit, glücklich und zufrieden zu sein, nur weil man denkt, man ist es?

Warum geht es uns, wenn wir gefragt werden, ob wir glücklich sind, wie dem Tausendfüßler, den die Kröte fragte, welches Bein nach welchem kommt? Er kam so aus dem Tritt, dass er vergaß, wie man läuft.

Warum sagen wir, dass uns etwas egal ist, wenn es offensichtlich nicht so ist?

Während die eine Hälfte der Welt sich fragt, was die andere so glücklich macht, versucht die andere das Elend der ersten Hälfte zu verstehen.

Wissenschaftler, die ein Leben lang forschten, fallen in ihr Grab und wissen immer noch nicht, was uns glücklich macht.

Um das Glück zu verstehen, müssen wir uns erst selbst verstehen, weil daher das wahre Glück rührt. Aber bisher gelingt uns das nicht im Entferntesten.

Etwas Ähnliches wie Glück verspüre ich jedes Mal, wenn ich eine Aufgabe erledigt habe.

Warum kann jemand, der abreist und den wir sehr mögen, all unser Glück mitnehmen?

Warum nehmen wir nur das auf, was uns gefällt, und beachten den Rest nicht?

Warum macht es uns so ärgerlich, darüber nachzudenken, ob wir uns als Erster entschuldigen, wenn wir sehr viel früher hätten glücklich sein können, wenn wir es getan hätten?

Warum wird unglücklich sein als normal angesehen und ein Mensch, der in der Regel glücklich ist, als ein bisschen komisch?

Woher kommt es, dass man, sobald man über die Dinge nachdenkt, die einen deprimieren, so unglücklich wird?

Wenn es
Sie glücklich
macht, Hilfe
anzunehmen,
dann muss
es Sie auch
glücklich
machen, Hilfe
anzubieten.

Viele wollen, dass man sich an sie erinnert, weil sie andere glücklich gemacht haben.

Was hat das Leben Sie gelehrt? Vielleicht, dass es glücklicher macht, nicht zu wissen, wie es enden wird.

Warum sind wir so versessen darauf, dass die Menschen sich an uns erinnern, wenn wir gestorben sind, und finden es unangenehm, über unsere Grabinschrift nachzudenken?

Warum sind wir in der Liebe nie glücklich, bis sie von Eifersucht begleitet wird?

Warum scheinen wir glücklicher zu sein, wenn wir uns mit den schwierigeren Fragestellungen im Leben auseinandersetzen müssen, als wenn wir das mit leichteren tun?

Hauen Sie sich mit einem Hammer auf den Finger. Wohin geht das Glück?

Es scheint so, als ob niemand immer glücklich ist. Diejenigen, die lieben, wünschen sich Weisheit, die Weisen suchen nach Liebe, die Guten nach Kraft und die Kraftvollen wollen besser sein.

Denken Sie über Ihren Wert innerhalb der Gesellschaft nach. Wenn es nur eine Sache gibt, egal wie unbedeutend sie ist, die Sie besser können als alle anderen, dann wird eine Lücke entstehen, sobald Sie nicht mehr existieren.

Egal wie furchtbar unsere Fehltritte auch erscheinen mögen, es gibt immer jemanden, der darauf vorbereitet ist, sie zu vergeben.

Warum sind wir glücklich genug, nach der Bedeutung von Wahrheit zu fragen und wegzugehen, bevor wir eine Antwort bekommen?

Je weniger Sie wissen, desto mehr Verdachtsmomente haben Sie.

Je mehr Sie wissen, desto mehr müssen Sie wissen.

Es ist eine unangenehme Tatsache, dass wir für Faulheit getadelt und für Fleiß gelobt werden.

Warum bemühen wir uns immer wieder um Dinge, die wir wahrscheinlich niemals haben können? Was blendet uns so?

Akzeptieren Sie, dass es nichts gibt, das so einfach wie die Wahrheit ist.

Warum befindet sich die Menschheit immer im Stadium der Vorbereitung auf das Leben, anstatt zu leben?

Die Gedanken, die ich gedacht habe, und die Sünden, die ich begangen habe, wurden vor mir schon von Menschen gedacht und begangen, die ich niemals kennen lernen werde.

Es ist unmöglich, wirklich zu verstehen, was uns glücklich macht. Versuchen Sie nicht, es herauszufinden, sondern genießen Sie das Leben.

Warum spielt ein Kind, das ein teures Geschenk bekommt, viel lieber mit der Schachtel, in der es verpackt war?

Erwarten Sie das Beste, planen Sie für den Notfall.

Warum sind manche Menschen unglücklich, obwohl sie nicht einmal einen Feind haben?

Es scheint, als ob die Wohlhabenden erst dann glücklich sind, wenn es ihnen gelingt, nach ihrem Vermögen zu sterben.

Ein leeres Tagebuch kann genauso viel Vergnügen bereiten wie ein voll geschriebenes.

Woran liegt es, dass wir im heutigen Schmerz nicht das gestrige Glück spüren können?

Die unbezahlbare Sammlung des traurigen Mannes wurde Raub der Flammen, der glücklichste Moment seines Kollegen blieb unversehrt.

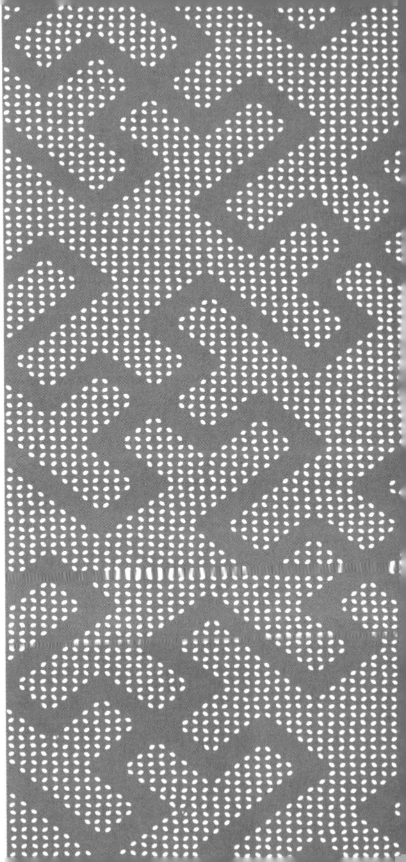

Entsteht das Glück durch Zufall oder weil man es selbst schafft?

Bekommen Sie immer das, was Sie wollen? Brauchen Sie das, was Sie bekommen haben, immer?

Sind Sie glücklich, wenn Sie etwas Geld für einen wohltätigen Zweck gespendet haben? Aber sind Sie auch in der Lage, Liebe zu schenken und Wärme zu geben?

Freude und Kummer sind gegenüberliegende Plätze auf einer Wippe.

Macht es uns glücklich, anderen zu helfen?

In einem Körnchen Glück liegt mehr Kraft als in den Sandkörnern einer ganzen Wüste.

Glück resultiert aus der Erkenntnis, dass wir alle einmalig sind.

Im Leben gibt es keine Hindernisse, nur Stufen in allen Formen und Größen.

Warum ist es so unmöglich zu verstehen, dass Glück nicht nur bedeutet, von anderen zu lernen, sondern auch selbst so zu leben, dass andere daraus lernen können?

Wenn Sie Rätsel mögen, dann sollten Sie auch Ihr Leben lieben.

Immer wenn wir uns über etwas Sorgen machen können, scheinen wir glücklich zu sein, sich sorgen löst aber keine Probleme. Damit aufzuhören ist der erste Schritt auf dem Weg zum Glück.

Warum sind wir immer dann glücklich, wenn wir die Fehler und Schwächen eines anderen entdeckt haben?

Aufrichtig zu anderen zu sein kann uns glücklich machen, trotzdem sind wir zu uns selbst oft nicht ehrlich.

Sind Sie stolz darauf, für jemand anderen ein Problem zu sein?

Verschwenden Sie Ihre Energie nicht auf negative Gefühle.

Warum sind wir unglücklich, wenn wir viel zu tun haben? Betrachten wir jede Herausforderung als Chance, uns selbst auszutesten.

Warum sind so viele Menschen glücklicher, wenn sie mit Zielvorgaben und unter Druck arbeiten und dann leiden sie unter Stresssymptomen?

Warum sind wir nicht in der Lage, die Dinge, die uns Ärger bereiten, anzugehen?

Warum ist es so schwierig, fordernder zu sein?

Warum lassen wir uns von der Zeit unter Druck setzen und nehmen nicht einfach die Uhr von der Wand?

Selbsterkenntnis ist der erste Schritt zur Zufriedenheit.

Warum empfinden wir das Glück anderer oft als persönliche Ungerechtigkeit?

Öffnen Sie Ihre Augen für die alltägliche Schönheit, das Normale und Gewöhnliche.

Warum bestehen wir auf der zermürbenden täglichen Routine? Manchmal genügt eine kleine Änderung, um glücklich zu sein: die Zeitung, die man liest, die Farbe des Badezimmervorhangs, eine neue Route ins Büro oder ein Wochenende ganz für sich allein.

Zu viel Freiheit ist eine schwere Last. Lernen Sie, Ihre Zeit effektiv zu nutzen.

Warum nicht durch bessere Organisation glücklich werden?

Warum bestehen wir darauf, Aufgaben zu übernehmen, für die wir uns nicht qualifiziert fühlen? Akzeptieren wir unsere Grenzen.

Warum sollte man so viel Arbeit über nehmen, dass man sich überlastet fühlt?

Warum lassen wir uns von den Dingen überwältigen?

Denken Sie immer daran, dass nichts größer ist als die Summe seiner Teile.

Wehren Sie sich nicht gegen Veränderungen, nützen Sie ihre Möglichkeiten und wachsen Sie mit der Situation.

Wenn Langeweile durch positives Denken oder Handeln zerstreut werden kann, warum ist es dann so schwierig, es zu tun?

Wenn wir das Vergnügliche in unserem Leben mehr genießen könnten, dann würden wir uns über die unvermeidlichen Prüfungen nicht so ärgern.

Warum schaffen wir nicht Zeit für das, was uns glücklich macht?

Warum macht uns der Gedanke an Entspannung unglücklich?

Denken Sie glücklich. Handeln Sie glücklich. Seien Sie glücklich.

Warum ist es so schwer, »Nein« zu sagen, obwohl man manchmal besser beraten wäre, es zu tun?

Wir alle haben einen Energiefluss, den wir nicht stören sollten.

Warum gestehen wir uns selbst nicht mehr Zeit zu, um die Dinge zu tun, die uns glücklich machen?

Je unglücklicher wir sind, desto negativer denken wir auch über sportliche Aktivitäten, die alles besser machen könnten.

Warum delegieren wir so ungern Verantwortung, wenn uns das ein glücklicheres Leben bescheren könnte?

Glück entsteht durch das Gefühl, die Zeit im Griff zu haben.

Glück kann nicht auf Chaos und einem unorganisierten Leben gedeihen.

Wenn Sie in sich keine Freude entdecken, wie können Sie hoffen, sie in anderen zu finden?

Ein Lächeln kostet nichts.

Kummer steckt in jedem von uns und niemand möchte ihn gerne haben.

Es ist nicht schwer, zwischen einem Lächeln und einem Stirnrunzeln zu wählen.

Warum glücklich sein? Wer will schon immer glücklich sein?

Die Entdeckung eines neuen Rezeptes kann die Menschheit glücklicher machen als die eines neuen Sterns.

Wenn es Sie glücklich macht über die Ewigkeit nachzudenken, dann wird Ihr Glück niemals enden.

Wenn wir jung sind, sind wir ohne Grund glücklich. Im Alter behaupten wir, tausend Gründe zu haben, um glücklich zu sein.